la reine est morte vive la reine

la reine est morte vive la reine

la reine est morte vive la reine

la reine est morte vive la reine

maï mouna

la reine est morte vive la reine

© 2024 Maï Mouna

Édition : BoD • Books on Demand GmbH,
In de Tarpen 42, 22848 Norderstedt (Allemagne)

Impression : Libri Plureos GmbH, Friedensallee 273, 22763 Hamburg (Allemagne)

ISBN : 978-2-3224-7748-7

Dépôt légal : septembre 2024

la reine est morte vive la reine

la reine est morte vive la reine

la reine est morte vive la reine

« Try to not resist the changes that come your way. Instead let life live through you. And do not worry that your life is turning upside down. How do you know that the side you are used to is better than the one to come ? »

Rumi

« And I say to myself : a moon will rise from my darkness »

Mahmoud Darwish

« I am out with lanterns looking for myself »

- Emily Dickinson

la reine est morte vive la reine

la reine est morte vive la reine

le bonheur au bout du courage

Après un bruyant orage couronnant une journée d'été particulièrement chaude, les nuages décident de terminer l'acte en s'échappant afin de laisser briller les étoiles. Celles-ci, lumineuses dans le ciel noir, semblent régaliennes, postées haut, tout là-haut. Leur beauté est aussi dû au fait que nous ne puissions les atteindre, la seule chose que l'on puisse faire est de les regarder, les observer, théoriser sur la nature même de leur existence.

Mais très vite, le Soleil approche pour régner une nouvelle fois en maître sur son royaume, comme il sait si bien le faire. Le thé chaud entre les mains, elle se demande si parfois le Soleil n'a pas le coeur à se présenter. S'il s'imagine la

la reine est morte vive la reine

journée suivante en se demandant s'il sera capable d'illuminer le monde dans ses moindres recoins, sans en oublier une seule partie car cela se verrait nécessairement. C'est peut-être pour cela que parfois il se cache derrière les nuages, car il ne trouve pas le courage d'affronter le monde. Finalement, l'hiver n'est peut-être qu'un prétexte pour lui de masquer ses failles.

Elle aussi a parfois envie d'abandonner. Arrivent des jours où elle ne parvient pas à trouver en elle les ressources qui lui seront nécessaires pour la journée. Pourtant, aussi douloureux fut-ce, elle a appris l'art du dépassement de soi. Toutes les journées ne seront pas les mêmes, certaines seront d'une facilité absurde tandis que d'autres seront douloureuses, difficiles et l'on aura qu'une hâte : qu'elles s'achèvent.

Pourtant ces journées, aussi amères soit-elles, sont d'une importance capitale : elle nous permettent de perfectionner notre caractère et d'étendre nos forces. Elles ont la grâce de mettre au jour des qualités personnelles que l'on aurait jamais deviné si nous n'avions pas fait preuve, justement, de courage.

la reine est morte vive la reine

Et puis, se dit-elle pour apaiser son coeur, nous ne sommes pas obligées de faire le travail seul, lorsque le Soleil fatigue, il part se coucher et la Lune prend le relai. Et ce manège se déroule sous nos yeux, quotidiennement. De la même manière, les saisons varient. Il y a des mois dans l'année où le Soleil brille moins que d'autres, c'est par ailleurs ce qui le rend si précieux à nos yeux. Alors nous aussi, faisons de notre mieux tous les jours, tout en gardant en tête que ce mieux varie selon les saisons dans lesquelles Dieu nous place.

Oui, chaque être sur Terre manque parfois d'envie ou de courage, pourtant, il ne faut pas abandonner car, en vérité, le bonheur se trouve au-delà de ce que l'on pense être nos limites.

la reine est morte vive la reine

l'univers en expansion

Tard dans la nuit, les yeux se fermant pour chercher loin le sommeil qui décidément prend aujourd'hui tout son temps. Mais elle était habituée à ces insomnies-là. Au point qu'elle inventa un jeu. Elle s'amusait à fermer les yeux et à suivre les petits points blancs qui apparaissaient et qui semblaient se mouvoir, disparaitre, réapparaitre. Plus tard elle apprit que ces points étaient en fait les globules blancs que ses yeux percevaient.

Une fois, alors que son insomnie était partagée, elle interpella sa petite soeur :

« Fermes les yeux et observes ! Vois-tu toi aussi des petits points qui se promènent dans le noir ? »

Sa soeur les voyait effectivement, mais n'était absolument pas intéressée, plus occupée à chercher ce sommeil qui la fuyait.

Malgré tout, la petite fille resta fascinée par ce phénomène. Cet attrait naissait en vérité d'une comparaison que son cerveau établissait tout naturellement. En effet, ces petits points blancs lui firent penser à l'Univers. L'Univers tel que ses parents lui contaient, tel qu'elle le voyait dans ses livres, tel qu'elle l'imaginait finalement. Cet Univers qui s'étendait sans cesse dans l'espace-temps depuis déjà des milliards d'années.

La petite fille désormais jeune femme n'a pas perdu cette passion-là. Et, assez rarement pour être honnête et par temps d'ennui, elle fermait les yeux et se laissait aller à ce loisir. La comparaison se faisait encore mais cette fois-ci à un tout autre Univers. Le sien. Celui présent en elle. Voyez-vous, elle a toujours été curieuse et gourmande de savoirs et d'expériences. Toutefois, sa douce existence fut chamboulée par une

la reine est morte vive la reine

tempête sombre qui la secoua de l'intérieur et la poussa vers une dépression.

S'échapper de cette tempête requit toutes ses forces, son cerveau avait donc dû se compresser. Alors, son imagination avait cessé. Et ses envies de découvertes, délaissées.

Le confort. Son cerveau était devenu confortable sur cette petite planète sur laquelle elle s'était réfugié le temps de laisser la tempête s'en aller. Le ciel désormais clair, il l'invitait à l'explorer en se parant de lumineuses étoiles, constellations et majestueuses planètes.

Mais il fallu pour la femme trouver le courage de revêtir à nouveau ses ailes pour quitter cette planète et voler vers des horizons nouveaux

Vois-tu, cher lecteur, l'Univers dans lequel nous vivons s'étend sans cesse. Comment croire alors que nous, poussière d'étoiles et produits de cet Univers, puissions vivre dans un état de stagnation constante, sans même chercher à aller vers des chose nouvelles qui auront le mérite d'enrichir nos esprits ?

la reine est morte vive la reine

au démarrage

Sous la chaleur triomphante de l'été, elle pose enfin les pieds sur le quai de la gare ferroviaire. Elle avait décidé de voyager vers le sud du pays afin de s'aérer l'esprit l'espace de quelques jours. À son arrivée sur ledit quai, un train était déjà présent mais ce n'était pas le sien. Alors, elle s'assit sur le banc adjacent et observa avec soin cette ingénieuse machine. Une fois les portes fermées, le train entama son démarrage. La jeune femme redoubla alors son attention. Et se fit une remarque : au début du démarrage, les roues semble avoir du mal à tourner. Le train a du mal à se lancer mais au bout de quelques secondes le mécanisme se fluidifie et le train est déjà loin, très loin.

Kali est journaliste, son rôle est de rapporter et d'écrire des histoires. Encore au début de sa carrière, elle avait cependant derrière elle quelques années d'expériences. À chaque fois qu'on lui demandait d'évoquer les difficultés de son métier, elle confiait une chose :

« le plus difficile est de trouver la première phrase »

En effet, elle passait plus de temps à trouver les premiers mots d'un article qu'à le rédiger en lui-même. Car une fois la première phrase trouvée, le reste suivait tout naturellement. C'est systématique; à chaque fois qu'elle se retrouve devant son carnet, stylo à la main, les mêmes questions émergent : comment commencer ? Par quoi commencer ? En suis-je capable ? Pourrais-je aller jusqu'au bout ? Est-ce seulement utile ?

En vérité, l'avait-elle compris, cette difficulté à démarrer se retrouve dans tous les domaines de la vie. Il est difficile de commencer sa journée, de débuter sa séance de sport… alors, il faut forcer, se forcer et l'entreprise entamée deviendra ainsi un peu plus facile.

la reine est morte vive la reine

à la recherche

Nous marchons toutes deux dans la nuit noire. La douceur ambiante traduit un printemps qui s'échappe pour laisser place à un été, nous l'espérons du moins, qui sera chaud. Ainsi, les températures sont douces. Et les allées, étrangement calmes. Quelques voitures passent, quelques passants croisent notre chemin (où vont-ils d'ailleurs ?) rien d'extraordinaire.

Et si l'air est facile, les cœurs sont tumultueux. Ils balancent à gauche - à droite, en haut - en bas, sans savoir où se poser. Alors que nos pas frappent le sol d'un rythme mélodieux, ma comparse me dit :

« Je suis si perdue. Je ne sais où aller. Que vais-je faire de ma vie ? »

Alors, je la regarde, ne sachant quoi dire. Car moi aussi. Moi aussi je suis à cette de saison de ma vie où la direction me manque. Oh, que j'aurais aimé lui offrir des solutions. Les seules paroles que j'ai réussi à lui dire sont :

« Tout finira par s'arranger ! »

C'est vrai, tout fini par s'arranger. Elle acquiesce, le sourire en coin, comme pour me rassurer, pour se rassurer. Nos pas, toujours aussi rythmés, ralentissent puis s'arrêtent à un croisement. Il est temps de se quitter. Des gouttelettes de pluie se précipitent sur nous. Alors l'espoir renaît en nos cœurs. Car, nous le savons toutes deux, la Main capable de descendre cette pluie est tout aussi capable de descendre sur nos nos désirs les plus chers, les plus intimes, ceux que nous ne parvenons pas à formuler, à exprimer.

Intuitivement, nous nous mettons à regarder le ciel, un ciel aujourd'hui privé d'étoiles et de la blanche lumière lunaire. Le grand parapluie noir de mon amie ne nous aura pas été utile.

Nous désirions sentir cette eau venue du ciel, sentir Sa création sur nos peaux. Nos regards, de même que nos mots, sont affectueux, rassurants, l'on se promet de se voir vite, très vite, aussi vite que l'on pourra, puis nous nous quittons.

Il me reste du chemin pour arriver jusqu'à ma demeure. Alors, je me mets à penser. Qu'est-ce que cette saison ? Qu'est-ce que ce moment de vie où l'on ne sait pas, où l'on ne parvient pas à savoir ?

Je suis sortie de mes pensées par les phares lumineux d'une petite voiture. J'étais en effet arrivée à un passage piéton, il fallu que je traverse puis que j'emprunte le chemin de droite pour arriver plus vite chez moi, tout en sécurité. Si les choses étaient aussi faciles dans ma vie ! Et si les choses n'étaient pas sans cesse confrontées aux passages fermés !

« Pourquoi devons-nous passer par là ? », mon amie m'avait-elle demandé un peu plus tôt dans la soirée. J'eus à lui offrir la réponse la plus difficile de ma vie :

« Je ne sais pas »

la reine est morte vive la reine

Car, en vérité, je ne sais pas. Et je ne saurais probablement pas. Car j'ai beau chercher, les réponses ne me parviennent pas. J'ai beau lire, écouter, demander, aucune réponse n'est satisfaisante car elle n'est pas Sienne. Il n'est pas rare que les êtres humains tricotent des réponses à leurs douleurs, peut-être pour les faire passer plus rapidement. Pour qu'elles soient plus faciles à digérer. Car, effectivement, il est plus facile de souffrir lorsque l'on sait pourquoi. Voilà pourquoi j'eus tant de mal à lui dire :

« Je ne sais pas »

Car cela retire tout sens à mes épreuves. Lui a Ses réponses, mais Il ne me les a pas communiqué. Alors je vis malgré.

Et puis, me dis-je, faut-il seulement comprendre ? Ne priverait-on pas la vie de sa magie si nous savions tout ? Notre relation à Lui pourrait-elle seulement exister si nous ne Lui exprimions pas une confiance aveugle, si nous n'acceptions pas nos pas gentiment guidés par Sa sagesse et Son amour ?

Peut-être que finalement nous sommes impatients. Que, résidants dans un monde où chaque

la reine est morte vive la reine

question se voit offrir une réponse, parfois loin de la vérité, nous ne pouvons pas accepter l'inconnu. Le vide absolu après le point d'interrogation.

Alors, que doit-on faire ? Doit-on tout de même poursuivre une vie soulignée d'inconnues ? Bien sûr, cher lecteur, prenons la vie telle qu'elle est, faisons le peu que nous savons, ce que nous pouvons, peut-être qu'un jour les réponses tomberont.

Je parviens enfin à ma résidence, traversant un parking rempli de voitures que les voisins emprunteront d'ici quelques heures pour aller vers leur direction. Moi, je rentre chez moi, la pluie m'ayant absolue de toutes mes questions.

la reine est morte vive la reine

le beau jardin de Lila

L'année où Lila emménagea dans le cottage, elle le trouva en besoin de rénovation. Son jardin notamment fut vide de ce qui le rendait en temps normal vivant. Il baignait de terre sèche, de troncs d'arbres coupés et d'herbes ensauvagées. Il n'était ni joli à voir, ni à fréquenter. Dans un premier temps, la jeune femme ne s'en préoccupa pas, occupée à commencer sa nouvelle vie dans ce délicieux cottage. Alors, l'hiver, le printemps, l'été ainsi que l'automne passèrent et le jardin resta là, las, sans vie.

Un jour, Lila, par une journée particulièrement ennuyante, se rendit dans la bibliothèque dont était doté le cottage. Cette pièce se trouva tout

la reine est morte vive la reine

au fond de l'habitation, côté jardin. Elle était constituée de tous les livres qu'elle avait accumulée au cours de sa vie, qu'elle les eut acheté ou qu'ils lui furent offert, ainsi que ceux que les anciens propriétaires avaient laissés. Elle se mit à explorer cette petite bibliothèque, habillée d'étagères en bois sculpté et verni, cherchant un ouvrage qu'elle pourrait lire ou relire. C'est ainsi qu'elle tomba sur un livre de collection des oeuvres du peintre Claude Monet. Elle feuilleta les pages, comme absolument fascinée. Sa représentation de Giverny et de ses jardins lui semblait fabuleuse et irréelle.

Par une chance taquine, se trouva face à elle une fenêtre qui donnait directement sur son jardin. La comparaison fut évidente. Et le contraste, effarant. À ce moment-là, Lila sentit un mouvement en son coeur, comme un chemin de vie qui venait de se défricher. S'approchant de la fenêtre, elle se mit à explorer son jardin d'un regard mi-inquisiteur mi-inquiet, jusqu'au bassin qui annonçait la frontière entre sa propriété et celle de sa voisine. Toutefois, elle n'écouta pas la voix qui s'était levée en elle, referma son ouvrage et alla souper. La soirée puis la nuit se déroulèrent comme à l'accoutumée, même si, sans même qu'elle ne s'en rende compte, Lila pensait sans cesse à son jardin.

Le lendemain matin, elle s'installa dans sa salle à manger pour déguster son délicieux thé fleur de rose - cassis qu'elle aimait tant. Généralement, elle lisait en même temps qu'elle déjeunait. Mais aujourd'hui, elle avait le regard loin, loin dans le jardin. Alors, elle se mit à l'imaginer, imaginer à quoi seulement pourrait-il ressembler si quelqu'un pouvait l'aimer, prendre soin de lui, lui montrer tout le potentiel qu'il renfermait en son être.

Son thé fini, elle enfila ses chaussures et se rendit dans le pauvre jardin. La terre sèche craquelant sous ses pieds, elle se mit à doucement l'explorer, observant chaque détail et recoin. Quelle chance ce fut d'avoir un espace d'une telle superficie. Un léger sentiment de culpabilité naissait en elle; comment avait-elle pu le laisser à l'abandon aussi longtemps ? Ô qu'elle s'en voulait de ne pas avoir agi plus tôt !

Lila était décidée, elle allait redonner vie à ce jardin ! Aussitôt, elle retourna dans sa cuisine et fit les plans de sa nouvelle oeuvre. Quelles plantes allait-elle planter ? Ayant très peu de connaissances dans le domaine, elle se rendit à nouveau dans la bibliothèque et se saisit d'une immense encyclopédie sur le jardinage et les diverses espèces de plantes et fleurs qui existaient et qui pouvaient être plantées par celui qui voulait. La matinée de la jeune femme fut consacrée à cette étude, elle était déterminée à voir ce jardin fleurir. Alors qu'une amie vint lui rendre visite, elle lui fit part de son plan. Sa réponse fut simple :

« C'est parfaitement inutile, en plus d'être impossible. Tu devrais faire appel à un jardinier. »

Alors, elle se trouva découragé. Voyez-vous, Lila, ne le savait-elle pas encore, avait besoin de l'approbation de ses pairs pour s'investir dans le moindre projet. Nous l'avons vu plus tôt, redonner naissance à ce jardin la passionnait et la fit sentir vivante. Toutefois, elle était prête à abandonner car aucun coeur pour la rassurer sur le bien fondé de son initiative.

Passons deux semaines, si vous le voulez bien. Le jardin, vous l'aurez deviné, n'avait pas bougé. Il était là, toujours aussi triste. Et Lila aussi. Elle se surprit assez fréquemment à regarder ce jardin, à le rêver joli, vivant. Mais elle n'entre-

la reine est morte vive la reine

prit aucune action pour cela. Elle s'était assez tristement convaincue que les choses se feraient d'elles-mêmes ou qu'un jour arriverait par magie en elle une force ou une motivation. Et puis, se disait-elle :

« Cela en vaut-il réellement la peine ? Pourquoi investir autant de temps et d'énergie dans un jardin ? Et si cela ne fonctionnait pas ? »

Toutes ces questions, parfaitement inutiles vous le savez, qui l'empêchaient d'avancer.

Nous avons auparavant évoqué l'immense superficie du jardin. Et c'est justement ce point qui effrayait Lila. Le jardin est grand, alors le travail l'est tout aussi. Elle ne savait pas par où commencer tant il avait besoin de soin. Alors, elle resta ainsi encore quelques semaines, le poids de l'inaction toutefois sur le coeur.

L'hiver était en train de s'échapper. Et Lila n'avait toujours pas commencé. Bientôt deux ans qu'elle avait emménagé, et pourtant, le jardin était resté le même, toujours défriché et de ses vives couleurs, dépossédé.

Et puis, un jour, ce fut trop. Son coeur avait trop plein de déception, d'échec, de désillusion. Alors, il se vida, sous la forme d'une expression émotionnelle, de larmes qui se mirent à couler. C'est arrivé en soirée, alors que Lila était prête à se coucher. Elle se mit à la fenêtre, observa le jardin une dernière fois et se promit de s'y consacrer. Vous l'aurez compris, cette nuit-là, la peur s'était échappée pour laisser place à une determination. Une determination qu'elle n'avait jamais connu jusqu'alors.

Le lendemain matin, après à peine deux heures de sommeil, la détermination fut toujours présente en elle, à son grand étonnement. Désormais, fallait-il la mettre en oeuvre. Comme tous les matins, elle s'abreuva de son thé dans sa cuisine toute de bois faite. Puis, sans réfléchir (savait-elle que des voix intérieures essayeraient de la dissuader de sa nouvelle entreprise), elle se rendit tout droit vers le cabanon au fond du jardin, se saisit de quelques outils, de graines puis sortit. Elle n'avait pas besoin de plus.

La première étape fut de nettoyer la terre de ses impuretés en retirant mauvaises herbes et autres souillures. Puis, elle l'arrosa d'une eau pure, la ratissa puis planta ses graines. Elle s'était décidé à planter différents parterres de fleurs, des tulipes de diverses couleurs, des roses, hyacinthes, coquelicots, bleuets, pivoines ... toutes sortes de fleurs qui pouvaient fleurir à tous les moments de l'année.

Ce travail de défrichage et de plantation lui prit quelques jours tout au plus mais l'énergie qu'elle y avait mit lui donna l'impression qu'elle avait consacré des semaines et des semaines à l'ouvrage. Ce moment-là de son existence, inédit, lui plu tout particulièrement. Elle se sentit vivante, comme investie d'une mission. Et puis, confiera t-elle à un proche plus tard, en ratissant ce jardin, elle eut l'impression de nettoyer son propre coeur. C'est comme si elle avait accédé à une nouvelle branche de sa destinée.

Voilà cher lecteur, tout avait été planté, elle avait été au-delà de ses capacités. Maintenant fallait-il patienter. Attendre que le travail porte ses fruits. Et c'est bien là l'aspect le plus difficile de l'oeuvre. Parfois, il est plus difficile de ne pas agir que d'agir. Car cela demande de faire confiance au travail qui a été réalisé, mais surtout à l'Être en charge des résultats.

« Restes assurée Lila, ton travail portera ses fruits » aurions-nous aimé lui dire.

Et cette parole fut vérité. Au printemps, les premières fleurs firent leur entrée. Et Lila sentit des émotions de joie jaillir en son coeur. Quel bonheur que d'assister aux fruits de son travail. Maintenant, une autre phase de l'entreprise débuta, il fallu prendre soin de ce qui avait été fait.

L'horloge poursuit sa ronde infinie et le beau jardin de Lila continue son évolution, selon les saisons. Au moment où nous quittons la jeune femme, nous sommes au début de l'été, soit le moment de l'année où le jardin connait son apogée de beauté. Au sortir de la porte arrière du cottage, nos âmes sont accueillies par deux parterres parallèles de roses rouges et leur doux parfum. La promenade progressant, nous croisons tulipes noires et roses et passons sous une arche décorée de coquelicots rouges flamboyants. Quelques sakuras annoncent le petit bassin rafraichissant.

Ainsi, cher lecteur, voici une courte description du jardin de Lila. Nous ne t'en proposons pas une description détaillée, pour ne pas te perturber dans l'élaboration de propre jardin.

Ainsi, très cher, nous te laissons, ici, tu as aussi ton jardin à entretenir.

la reine est morte vive la reine

la jeune femme ailée

Elle savait qu'elle raconterait cette histoire à ses enfants, si un jour elle en avait. Dieu merci elle en avait eu, il est temps de leur conter l'histoire donc. Elle avait longuement médité sur ce récit. Il lui fut personnel. Au moment où l'avait vécu, elle ne comprit pas directement ce que cela signifiait. Aujourd'hui encore, il lui manque des bribes de sagesse qu'elle acquerra avec l'âge certainement. Ses enfants la regardent attentivement, lui demandant avec leurs doux yeux de commencer à conter cette histoire mystérieuse. Elle avale une gorgée de son thé citron-gingembre, puis se lance :

« Je vais vous conter l'histoire d'une jeune femme ailée. Celle-ci, durant toute sa vie, a marché droit. Elle avait l'esprit très imaginatif, alors, elle aimait imaginer la vie comme un pont, un pont en verre. Car, elle disait, la vie est fragile, il faut toujours veiller à marcher en ayant le regard droit devant et ne pas trop regarder ni à gauche, ni à droite, ni en arrière car il est possible de tomber et de ne plus jamais réussir à se lever. Elle s'évertua donc à marcher droit tout au long de sa vie. Elle pu ainsi jouir d'une éducation digne de ce nom, de bonnes relations sociales, de sorties, de voyages, de lectures et d'autres activités et projets plus ou moins plaisants.

Toutefois, ces derniers temps, elle se sentait glisser. Bien heureusement, à chaque fois elle réussit à se rattraper. Elle ne se posait pas de questions et considérait que c'était la conséquence directe d'une fatigue qu'elle ressentait depuis peu : « un peu de repos et cela ira mieux ».

Toutefois, un jour elle glissa. Pour de bon cette fois-ci. Si elle était là aujourd'hui, elle ne saurait vous expliquer ni comment ni pourquoi. Par ailleurs, et c'est ce qu'elle trouvait le plus effrayant, elle ne s'était pas vu glisser. Lorsqu'elle l'a remarqué, il était déjà trop tard, ses pieds étaient au bord du pont en verre. Alors, elle a chuté. Voyez-là comme une plume qui tomberait du ciel, tout en légèreté.

Que ressentit-elle lors de cette chute ? C'est comme si son monde s'arrêtait. Un flot de larmes sortait constamment de ses yeux. Elle regardait le pont, désirait plus que tout retourner à l'ancienne vie qu'elle menait. Elle criait, hurlait, s'égosillait, voulait plus que tout reprendre sa vie telle qu'elle l'avait laissé. Car oui, pour elle cette chute n'était qu'un accident de parcours, une pause dans son tranquille cheminement. En son être, elle pensait sincèrement que cet état n'était que temporaire.

Puis, vint le moment où elle se rendit compte que crier ne servait à rien. Alors elle se calma. Sa chute devint son quotidien. D'ailleurs, elle ne savait même pas si elle chutait ou flottait. Elle s'en fichait éperdument. Parfois, levant le regard à gauche, elle se remettait à regarder la femme qu'elle était avant. À ce moment-là, comme un sursaut de vie entrait en elle, elle se mettait à battre des ailes fort, très fort pour embrasser cette femme du passé. Elle remontait 1 seconde, 2 secondes, 3 secondes... puis rechutait, encore plus vite que la première fois. Et le même cycle se reproduisait constamment. Elle hurlait de tristesse et de douleur, son seul souhait était de poursuivre le chemin sur lequel elle était, mais personne ne l'entendait. Elle était seule, terriblement seule. Sa chute était silencieuse ».

Haïda sentit les larmes lui monter lorsqu'elle vint à cette partie du récit. Elle ne voulait pas pleurer devant ses enfants, alors, elle prétexta vouloir se resservir du thé avant de continuer. Une fois dans son immense cuisine noire et marron, elle laissa quelques larmes couler avant de les essuyer. Ce n'était pas de la tristesse non, mais comme un sentiment de pitié pour cette jeune femme, sentiment accompagné de soulagement et de reconnaissance. Cette histoire était la fondation de sa vie. De ce récit, découlait toutes les choses importantes qu'elle avait aujourd'hui. Dieu merci !

De retour avec ses enfants, ils l'attendaient sagement tout autour de son petit fauteuil. Elle s'y réinstalle, le thé chaud en main, le récit peut continuer :

« Elle continua à chuter, doucement, doucement, doucement... mais il arrivait que parfois sa chute s'arrête. Dans ces moments-là, elle se sentait calme. Calme, mais jamais vraiment apaisé. C'était ses moments de répits, moments où ses émotions quittaient son coeur serré. Elle pensait alors que c'était le moment pour elle de sortir de sa condition et de revenir vers la femme du passé. Encore une fois, elle battait des ailes, s'essoufflait mais n'allait nul part. S'en suivait du désespoir, une immense tristesse et bien sûr, des larmes.

Mais que faire ? Que fallait-il qu'elle fasse ? Pourquoi seulement n'arrivait-elle pas à reprendre le chemin de sa vie ? S'en suivit une longue période où elle resta à flotter, à attendre. Peut-être attendait-elle un miracle, qu'une main la tire vers le haut. La main n'arriva jamais. Mais elle continua à attendre. Sa silencieuse détresse devint routine. Parfois, des envies de s'en sortir et d'enfin voler vers l'avant lui traversaient l'esprit, sans jamais se concrétiser.

Tout au long de cette chute, elle lança des regards à la femme du passé. Cependant, ses regards étaient de plus en plus distants, elle la distinguait de moins en moins. Alors, elle se mis à l'idéaliser « elle était si organisée, si jolie, si confiante, si heureuse... » tout en sachant pertinemment que ce fut faux.

Elle attendit une longue période, là, flottante, tout en jetant parfois des petits coups d'œil à gauche. Elle n'était pas capable de remonter alors, à quoi bon, peut-être qu'un miracle la touchera d'ici-là.

Un jour, elle prit une grande inspiration et souffla. Mit fin à toute forme de résistance. Elle avait compris qu'à chaque fois qu'elle avait résisté, la chute n'avait été que plus intense, plus violente. Beaucoup de temps était passé entre sa glissade et sa chute libre mais son état d'esprit n'avait point changé. Dans sa tête, sa glissade n'était accidentelle, elle allait reprendre son état. Et si ce n'était pas le cas ? Et si la femme du passé était censée rester là où elle était, c'est-à-dire dans le passé ? Et si le miracle tant attendu ne venait jamais ? Cette pensée heurta la jeune femme. Car elle impliquait beaucoup de choses. Il fallu qu'elle soit honnête avec elle-même et qu'elle fasse preuve d'efforts pour s'en sortir.

Elle se fit alors une promesse. Tout d'abord, elle devait dire au revoir à la femme du passé. Puis, regarder le ciel face à elle et battre de ses ailes le plus fort possible pour atteindre cette Lumière qu'elle percevait depuis le début de son épreuve et qui semblait l'appeler mais qu'elle ne voulait pas regarder.

Elle commença par dire au revoir à la femme du passé. L'au revoir ne fut ni chaleureux, ni cérémonial, Ida se contenta juste de la regarder une dernière fois, avec bienveillance, comme une grande sœur regarderait sa petite sœur. Puis, elle regarda face à elle. En son cœur, elle se fit la promesse de ne plus jamais la regarder, ni même chercher ses réponses auprès d'elle. Son regard devra se porter droit devant désormais. »

Elle voyait ses enfants lutter contre le sommeil, ils avaient hâte de connaitre la suite et surtout de savoir si la fin serait heureuse. Heureusement qu'elle l'était, elle n'aurait pas voulu qu'ils aillent se coucher le coeur empli de tristesse.

« Son regard toujours droit devant, elle hésitait. Ses ailes étaient prêtes mais elle se demandait si ce fut une bonne idée ? Jusqu'où allait-elle voler ? Allait-elle se perdre en route ? Elle voulait tant regarder à gauche, lui demander si c'était une bonne idée. « Non, ne détournes pas le regard, tu es sur la bonne voie ». Elle se mit à battre des ailes, d'abord timidement, comme si elle n'était pas rassurée. Son léger corps se mit à voler, doucement mais de plus en plus vite à mesure qu'elle prit de l'assurance et que ses ailes battaient d'une manière de plus en plus rythmée.

Pour la première fois depuis un long moment, elle se sentait bien, elle sentait l'espoir renaître dans son coeur. Des nouvelles choses allaient arriver, sa chute était terminé, tant qu'elle ne quittait pas la Lumière du regard et qu'elle battait de ses ailes, sans cesse, sans se chercher d'excuses. Elle se rapprocha toujours plus de la Lumière jusqu'au moment où elle se retrouva en plein air, sans même savoir où elle se trouvait. Fallait-il encore qu'elle batte des ailes ? Elle prit peur et voulu cesser tout entreprise, retourner là d'où elle venait. Alors elle regarda sous ses pieds et vu quelque chose qui la surprit.

la reine est morte vive la reine

Sous ses pieds, un immense bocal transparent. Le rebord de ce bocal était en fait le pont sur lequel elle avait vécu jusqu'à sa chute. Sur ce rebord justement, inscrites au marqueur rouge, toutes les échéances passées de sa vie : sa naissance, son entrée à l'école, les grands évènements de sa vie. Le dernier événement inscrit était l'obtention de son diplôme universitaire. Elle vit la femme du passé, debout sur cette échéance, immobile. Elle ne paraissait pas triste non, elle avait le regard satisfait, comme une personne qui aurait enfin accompli sa mission. En vérité, elle ne pouvait plus avancer car elle avait fait le tour du bocal, tout simplement. Si Ida avait glissé, c'est parce qu'elle força les choses et voulu refaire le tour du bocal, ainsi aller contre le cours naturel de la vie. »

« Comment se sentait Ida à ce moment-là ? Elle pensait au temps qu'elle avait perdu. À toute la résistance qu'elle avait eu, alors qu'il suffisait juste de suivre la Lumière et de battre des ailes. Toutefois, elle avait espoir que cette période là lui servirait de leçon tout au long de sa vie et qu'elle pourrait s'en servir pour aider les autres. Ida détourna le regard et vit un autre bocal à proximité de celui sur lequel elle avait vécu jusque là. Il était brillant et vierge de tout mar-

la reine est morte vive la reine

quage. Intuitivement, elle su qu'il fallait qu'elle y aille, que les rebords de ce bocal constitueraient sa nouvelle vie, son renouveau.

À ce jour, elle est heureuse dans ce nouveau bocal. Il a son lot de bienfaits et d'épreuves, certes, mais il correspond à ce qu'elle est aujourd'hui. Peut-être, devra t-elle encore une fois changer de bocal un jour, elle ne le sait pas, toutefois, elle sait qu'elle sera prête et ne résistera pas outre mesure. »

la reine est morte vive la reine

5h45

Je peine à me lever. Le poids de la couverture est écrasante, sa chaleur enveloppante vaut-elle la peine d'être quittée ? Mon dernier réveil à l'aube date d'il y a quelques temps déjà. L'ambiance magique de l'aurore m'a bien manqué, je le concède.

Face à moi, l'immensité du monde. Les rayons du soleil transpercent timidement un horizon couvert d'un voile bleu nuit. Sa palette qui varie du rose à l'orange est absolument fascinante à observer. Comment ai-je pu manqué ce rendez-vous ? À mesure que le soleil entame sa spectaculaire entrée, quelque chose se lève en mon coeur. J'aimerais que cela dure toute une vie. La beauté de ce tableau réside toutefois dans sa concision. Que se cache t-il derrière ces gouttelettes d'eau ainsi suspendues dans le ciel ? Je souhaiterais les explorer.

Euphorie silencieuse. Oui le silence. Le monde endormi, les machines éteintes. Les oiseaux valsent dans le ciel et jouent de leurs instruments. Leurs voix, constamment étouffées par la modernité, trouvent toutefois leur public durant ce moment suspendu.

Je grelotte légèrement. Je tâtonne dans la pénombre à la recherche d'un vêtement pour me couvrir. J'ouvre la baie vitrée. Un souffle glacial et accueillant me fait trémousser.

Le souffle du café pénètre mes narines et m'offre du réconfort. Des sensations prennent place en moi. Le doux baiser de maman, m'embrassant sur le front avant d'aller mériter son pain. Mon cartable posé, au centre de la grande pièce familiale et mes vêtements propres, dégageants une douce odeur de jasmin. Le cœur battant d'envie à l'idée de retrouver les copains. Oh, pensais-je que mon enfance durerait éternellement.

La pénombre s'efface, chasse la nuit, le premier acte se termine ainsi, ici. La matinée offre un goût spécial de renouveau. Les déceptions d'hier sont révolues. Comme une envie de me battre sur une terre sur laquelle pourtant ne suis-je que de passage.

Ma journée se poursuit, le corps sur Terre mais le visage constamment tourné vers le ciel.

à l'aube

À son lever, les dernières étincelles du feu de sa cheminée crépitent encore. D'une douce mélodie, elles permettent à Maryam de sortir de sa condition endormie, doucement, tout doucement. Qu'il est difficile de quitter son épaisse couverture. L'hiver ne s'est pas trompé d'identité cette année, il fait grand froid. Les yeux peinant à s'ouvrir, elle regarde autour d'elle, se mouvant lentement sur son chaleureux matelas.

La chambre est à peine illuminée par le feu mourant. Le lit immense en chêne est central à la pièce. Face à lui, une cheminée en pierre beige. Où que l'œil se pose, un mur en brique, lui aussi beige et peu décoré.

Elle réussi à trouver le courage de sortir de son lit. Après une toilette réalisée dans la salle de bain adjacente, elle enfile, toute tremblotante, l'épaisse robe grise en coton qu'elle avait préparé la veille. Puis, enfile son voile noir, son manteau en laine et ses petites chaussures. Accompagnée de sa bougie, elle sort de sa chambre, traverse le long couloir au parquet grinçant, s'annonce dans le petit escalier, franchi l'une des portes arrières du manoir.

La porte ainsi ouverte, elle se trouve désormais face au monde, face à un monde décidé à offrir le plus beau des cadeaux à une âme tourmentée comme celle de Maryam : son silence. À l'aube, le monde n'a pas encore revêtu ses habits d'apparats, il est encore naturel, alors, que sa compagnie est agréable.

Elle est sur sa terrasse où se trouve un petit siège. Elle ne sait pas comment est-il arrivé-là, tout ce qu'elle sait c'est qu'elle y a passé de nombreuses soirées en compagnie de ses parents et de ses grands frères et sœurs à refaire le monde. Elle s'y assit donc, entre les mains une tasse de café au lait. La chaleur de son breuvage contraste avec le froid ambiant. Entre deux gorgées, elle observe attentivement le village en contrebas de la colline sur laquelle se trouve le manoir familial. Lui aussi, se réveille doucement.

Le ciel parait bas aujourd'hui. La jeune femme a l'impression qu'elle pourrait toucher du bout des doigts les petits nuages qui le composent et laissent entrevoir un ciel jaune orangé. Quel spectacle. Le ciel, immense et majestueux, permet de mettre en perspective la petitesse de ses problèmes.

Son café bu, elle se lève et marche quelques minutes vers une petite barrière en bois. S'appuyant contre celle-ci, elle expire tout l'air compris dans ses poumons, à l'image des pensées négatives qu'elle souhaiterait extraire de sa tête à tout jamais. Face à elle, l'océan, vibrant et maître de lui-même. Le soleil signale son arrivée en usant de l'eau comme miroir de sa majesté. En contrebas de la falaise, Maryam aperçoit quelques promeneurs venant à admirer le spectacle. Le premier disque du soleil se pose sur l'eau frémissante. Elle ne voudrait pas contrarier le Roi soleil. Des oiseaux volent tout autour de l'astre de lumière, comme s'ils étaient sa cour, et initient leurs premiers chants matinaux.

« Il existe Une Main, dans les cieux, qui se charge de ce spectacle tous les jours, depuis autant d'années qu'il fallu et qui continuera autant d'années qu'il faudra. Chaque lever est différent, mais pourtant le suivant est toujours plus impressionnant que le dernier. Imagines-tu seulement la Beauté de l'Être qui gère ce spectacle ? » Elle frissonne en ayant cette pensée. Il y a des moments où le petit esprit humain se heurte au mur inconnu et merveilleux.

Le Roi est arrivé, vêtu de son manteau d'or. Il va régner de longues heures durant puis laisser sa place à la princesse Lune pour veiller dans la nuit noire. Il est temps pour Maryam de débuter ses activités journalières, en attendant avec hâte le spectacle suivant.

la reine est morte vive la reine

balade nocturne

La porte aux barreaux noirs s'ouvre sur un petit chemin adorné de petites pierres blanchâtres. Ces pierres, si petites, s'apparentent à du sable, un épais sable qui porte les pas de Qamia. Les yeux rivés vers ses pieds, la femme cherche à ne pas trébucher. Une fois assurée de ses pas, elle lève la tête progressivement vers le ciel. Avant cela, ses yeux se posent sur la végétation environnante. Dans la nuit noire, les buissons sont difficilement distinguables, mais leur forme particulière ressort tout de même. Son regard désormais posé sur le ciel, se révèle à Qamia une large et épaisse couverture bleue nuit, décorée de petites points lumineux, délicieusement répartis, et d'une Lune éclairant son voisinage.

Continuant de marcher, le chemin se raccourcit désormais et les hauts arbres couvrent la lumière blanche lunaire. Qamia prend peur, elle n'eut pas l'habitude de se promener aussi tardivement. Par ailleurs, elle ne saurait pas expliquer ce qui la sorti de sa demeure. Ne savait-elle pas que son cœur ressentit le besoin de sortir de sa condition monotone et d'expérimenter un peu de magie ? C'est en vérité lui qui, entre les mains de son Créateur, la guida sur ce chemin ensablé.

Elle arrive désormais face à un muret qu'elle décide d'escalader. Se retrouvant ainsi dans un jardin comme elle n'en avait jamais vu. Les fleurs furent immenses et leurs couleurs imitants le spectre d'un arc-en-ciel scintillaient malgré le noir ambiant. Des oiseaux chanteurs sifflaient et accompagnaient sa balade devenue musicale, mélodieuse.

Traversant le jardin, elle se retrouve à présent face à un ruisseau surmonté d'un pont en pierre. Les yeux clos, Qamia s'attache à savourer ce moment. Le cours du ruisseau était rapide et divinement rythmé. Étrangement, il lui fit penser à son existence. Son existence, comme nous l'avons dit, monotone qui semblait-il s'être arrêtée un jour comme cela, pouf !

Si sa vie était un ruisseau, quelques castors avaient construits un barrage pour empêcher l'eau de poursuivre son chemin. Elle ne su pas comment détruire ce solide barrage, ni même comment le contourner. Alors, l'eau était restée. Ici, stagnante. Son écosystème n'eut pas évolué, ce qui évidement n'est pas naturel.

Ses yeux s'ouvrant, elle se mit à observer le ruisseau. Se tournant sur sa gauche, elle vit que le ruisseau se jetait depuis une haute falaise. Qamia n'avait aucune idée de sa hauteur mais elle pouvait imaginer à quel point cela devait être haut, c'est en tout cas ce que son expression faciale laissait entrevoir. Une fois sur le petit pont en briques grises, elle pu admirer un tableau absolument majestueux. La ronde lune, lumineuse comme nous l'avons déjà souligné, fut drôlement basse et placée pile au dessus du ruisseau, éclairant ainsi son eau transparente. Que ressent l'eau lorsqu'elle se jette d'aussi haut ? Qamia, à sa place, serait absolument terrifiée. Elle ne fut pas de nature aventurière. Pourtant, si savait-elle, en contrebas, l'eau rejoint un immense océan et se mêle à la diversité des espèces y résidant. La Lune, reflet du Roi Soleil, éclaire tout ses pas et rend le voyage plus doux, plus rassurant.

la valse des danseurs

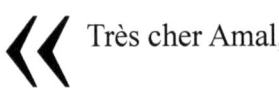 Très cher Amal,

Le monde tourne, me prend de force pour m'emmener dans sa valse. Que c'est douloureux. Les pas que l'on me demande de faire ne sont pas naturels. Tout autour de moi, les gens dansent, comme ils ont appris à le faire tout au long de leur vie. J'ai suivi les mêmes cours qu'eux, pourtant, ça ne prend pas. Je n'ai pas envie de danser. Ni hier, ni demain. Je ne peux me contraindre à suivre leur rythme.

Pour être parfaitement honnête avec toi, jamais personne ne m'a demandé explicitement de danser à leur manière. Mais ils font tous la même chose, que dirait-on si j'étais différente. J'aimerais tant te dire que ma différence est ma force, comme nous l'avons si souvent lu dans les romans dont grand-mère nous parlait, mais ce n'est pas le cas. Elle me rend si triste et isolée. Imagines-toi une flamme animée, se battant pour survivre, qui me dévorerait petit à petit de l'intérieur. Personne ne vois cette souffrance, c'est pour cela qu'ils ont tant de facilité à poser des regards emplis de jugements sur moi.

« Tu devrais faire un effort ! », « Regarde, fais comme moi ! » Ne pensez-vous donc pas que j'essaie ?

Dans les romans d'aventure, la personne différente est spéciale. Elle est destinée à être le héros, celui qui va changer le monde pour le mieux. J'ai compris que ce n'était pas comme cela dans la vraie vie. Ou peut-être que si, en vérité je n'ai pas assez vécu pour te donner une opinion éclairée.

Ils continuent à danser tout autour de moi. Certains entrent à peine dans la danse mais maîtrisent parfaitement l'exercice. Ils sont pleins d'énergie et respirent la fierté. Fiers d'enfin faire comme leurs pairs, je pense. D'autres arrêtent peu à peu de danser. Ils dansaient déjà lorsque je suis arrivée Ils ont l'air épuisés et certains ont besoin qu'on les raccompagne sur les bancs apposés à l'immense salle. Je n'ai pas vu ces bancs, je n'ai pas cherché non plus, mais l'on m'a dit qu'ils étaient confortables et que les danseurs fatigués pourraient s'y reposer jusqu'à la fin du spectacle. D'autres s'effondrent carrément sur la piste. Ils ont trop dansé. Vois-tu, c'est ça aussi le problème. L'on encourage les gens à danser toujours plus en leur promettant qu'ils pourront s'arrêter dès qu'ils le souhaiteront. C'est une fausse promesse bien entendu. Il faut danser jusqu'à la fin. Les danseurs effondrés sont très rapidement écartés de la salle de sorte que très peu ont le temps de se rendre compte ce qu'il se passe. Cela les intéressent-il seulement ?

« *Continuez à danser !* » scandent les hommes en costumes noirs. Pourtant eux ne dansent pas. Ils se goinfrent depuis le début de mets en tout genre, mets que je n'ai jamais vu et que je ne pourrais m'offrir de toute façon.

Dans l'assemblée, je distingue quelques visages. Des visages qui me sont familiers. Malgré leurs sourires, ils ne semblent pas épanouis. Je devine ce qu'ils ressentent. Mais trop tard, doivent-ils penser, ils sont entrés dans la danse alors maintenant il faut continuer. Je ne peux me résoudre à être comme eux.

Personne ne prête attention à moi. Dois-je m'en réjouir à ton avis ? Je pense que les danseurs doivent me trouver inutile. Veux-tu que je sois honnête avec toi ? J'ai essayé de danser. Durant quelques minutes. Ce fut horrible, ma flamme m'a empêché de poursuivre. Toutefois, si je ne danse pas, que fais-je d'autre ? Je n'ai pas l'impression qu'il existe d'autres options pour moi. Ah, si seulement il existait d'autres salles. Ou alors une salle où les gens différents feraient ce qu'ils veulent. Tu va me reprocher mon idéalisme, je le sais. Mais je ne peux m'en empêcher.

Pourquoi ne pourrait-on pas imaginer un monde différent, là où chacun aurait une place ? »

ce qui nous fait fleurir

Fallait-il voir la confusion lorsque, à l'heure du petit déjeuner, Zahira annonça qu'elle voulu devenir exploratrice. Tous la regardaient d'un air confus, sauf son père, sourire aux lèvres, qui avait compris le cheminement de sa fille. En même temps, elle avait passé des mois durant à se murer dans le silence, semblant être dans un état de constante stagnation. Ses proches voyaient cela comme de l'immaturité. Elle n'était qu'un être incapable de se fondre dans le moule et de juste faire ce qu'on lui demande.

« Trouves juste ta voie et tiens toi y »

C'était ce qu'on lui répétait à longueur de journée. Et Zahira le voulait. Ô, qu'elle désirait cette stabilité et ce réalisme que tout le monde autour d'elle semblait avoir. Pourtant, elle en était incapable. Quelque chose en elle ne cliquait pas, elle n'y arrivait pas.

Son cœur brûlait de quelque chose. D'autre chose. De quelque chose qu'elle ne savait pas. Depuis des années il se consumait, mais elle ne su pas l'écouter, occupée à chercher sa voie partout et ailleurs.

Le dîner passé, elle monta dans sa chambre. Cette chambre qu'elle considérait comme son refuge, était petite et mansardée. Les anciens propriétaires s'en servaient en guise de grenier. Lorsqu'elle avait emménagé avec sa famille dans cette petite maison, Zahira ne voulait pas de cette chambre, la trouvant exiguë et éloignée de tout. Les années passant, cette chambre devint son cocon. Elle l'avait décoré, au fil du temps, selon sa guise et ses intérêts du moment.
Ce qui la charmait tout particulièrement était l'immense fenêtre qui donnait sur le ciel. Elle avait vu sur toutes les habitations environnantes, et plus encore. Ainsi, elle se plaisait parfois (plutôt souvent, mais elle rechignait à l'avouer) à regarder les maisons, jeter un œil aux fenêtres avoisinantes et s'imaginer la vie

des gens qui y vivaient. Quels étaient leurs prénoms ? Quels métiers faisaient-ils ? Quelle genre de vie avaient-ils ? Quelle était leur routine ? Comment en étaient-ils arrivés là ? Étaient-ils heureux…

Oh ! Elle avait oublié de préparer son cappuccino ! Alors elle descendit en trombe jusqu'à la longiligne cuisine qui sentait encore le poulet rôti, fit son breuvage et remonta vite dans sa chambre. Sans s'en rendre compte, elle passa devant son père qui lisait un recueil poétique de Rûmi. Il s'apprêtait à lire ce vers :

« Ton coeur connaît le chemin, cours en sa direction »

Une fois de retour dans son refuge, sans le souffle, elle ouvrit la fenêtre et sorti sur son petit balcon. Elle y avait installé une petite table en bois, un pouffe et un plaid pour y passer les douces nuits d'été à refaire le monde. Aujourd'hui, accompagnée de son calepin, elle n'avait pas pour objectif de refaire le monde mais de refaire son monde.

En effet, elle se sentait perdue, comme bloquée face au vide. Non, ce n'était pas un sentiment, elle était perdue et le disait à qui voulait l'entendre. Elle avait évité ce moment de toutes ses forces, mais aujourd'hui, il fallait qu'elle discute avec son coeur.

« - Ô cœur, je suis perdue. Qu'est-ce que tu as, cher cœur, dis moi ? Pourquoi pleures-tu constamment ?
- Va-tu enfin m'écouter ? Lui dit-il gentiment, comme effrayé de la contrarier.
- Oui, ne t'inquiètes pas je veux que tu me dises tout ce que tu sais.
- Pourquoi maintenant ?
- Écoutes, je suis arrivé jusqu'ici je ne sais trop comment. Désormais, je me trouve incapable d'avancer, ni de faire quelque mouvement par ailleurs. Évidemment, je ne peux pas reculer. Alors je suis bloquée.
- Pourtant, chère Zahira, cela fait des années que je t'appelle, pourquoi m'as-tu ignoré durant tout ce temps ?
- Parce que j'ai toujours su ce que je faisais. J'ai toujours su où j'allais.
- En es-tu sûre ? »
Zahira se mit à réfléchir. Oui elle était sûre, jamais elle ne s'est sentie perdue. Ce sentiment de blocage était récent.
« - Oui ?

- Pourquoi en es-tu là aujourd'hui ?
- Dis moi juste ce que tu as.
- Explores, Zahira. Ne cherches pas à poser définitivement ton ancre dans un port, ce n'est pas pour toi. Tu es faites pour explorer. »
Elle ne comprenait pas.
« - Sois plus explicite s'il te plait.
- M'as-tu déjà regardé ? Je suis un jardin. Toutes les expériences que tu as vécu jusque là ont plantés les diverses fleurs qui sont en moi. Tu n'arrives pas à choisir car ton âme n'a pas été créée pour cela. Tu as été créé pour explorer. Apportes ton joli monde coloré aux autres, écris, peins, prends des photographies... »

Les larmes s'écoulant de ses ronds yeux contrastaient avec le large sourire qu'elle exhibait désormais. Pour une fois depuis très longtemps, ce n'était ni de la tristesse ni du vide qu'elle ressentait. Mais comme un sentiment d'alignement. Elle s'était ouvert à son cœur, qui lui avait répondu. Même la pleine lune en face d'elle semblait lui sourire.

« - Mais, personne autour de moi n'explores ? Je serai la seule. Et puis, que dois-je seulement explorer ?

- Il y a tout un monde en toi, Zahira, qui n'attend que de voir la vie. Tu vois toutes ces couleurs, tous ces souvenirs, toutes ces expériences, tout ces rêves, toutes ces idées, tous ces mondes, toutes ces sensations en toi… exprimes-les. Créer ton jardin, plantes tes fleurs, montres les au monde. »

Il ne lui en fallu pas plus.

Le lendemain matin, elle descendit prendre son petit déjeuner et annonça à sa famille :

« Je vais devenir exploratrice. Je vais trouver des graines, les planter, vous verrez comment mes fleurs seront jolies ! »

la reine est morte vive la reine

jannati

Couchée sur son divan, les yeux rivés vers un ciel bleu infini. L'enchanteur matelas l'enlace, à l'image d'une étreinte amoureuse dont on ne voudrait qu'elle ne cessa jamais. Son corps acajou et ses draps verts royal, il était son point de contemplation. Elle avait décidé de l'installer dans l'une des bulles de son jardin suspendu, la plus haute, là où elle avait vu sur sa propriété ainsi que sur une partie du voisinage.

En début d'après-midi, vêtue d'une robe en soie, aujourd'hui couleur jaune, elle sortit de sa bibliothèque toute de bois faite. Celle-ci était immense, un dôme s'y trouva en son centre offrant une imposante peinture où la lune régnait

la reine est morte vive la reine

en maîtresse entourée de sa cour étoilée. C'est un tableau qu'elle avait désiré et qui la replongeait dans les douces nuits d'été qu'elle passait en campagne avec sa famille. Sortant de la bibliothèque, elle traversa un long couloir en pierre beige, orné de tapisseries qui elles aussi représentaient des éléments de la nature. Au détour d'un regard, elle entrevit ses enfants discuter avec leurs arrières-arrières-arrières(…)arrières grands-parents de leur vies passées. Au bout du couloir, après avoir déambulé dans l'étincelante galerie des glaces, elle se trouva face à une imposante porte en bois, décorée des divers noms de son Seigneur peints à la main. Cette porte menait à l'une des entrées de son vaste jardin. Son pied droit, déguisé d'une peau dont la plus belle des perles de notre monde n'égalerait en beauté, ajouté à cela de légères sandales en tissu noble et léger, effleura la première marche de l'escalier blanc en marbre. Son pied gauche suivi aussitôt.

Le soleil, mesuré dans ses éclats, caressa alors sa densité crépue, couverte d'une voile en soie blanc brodé de fils d'or. Comme un nourrisson qui prendrait son premier bol d'air à la sortie du ventre sa mère, cette sensation provoquait chaque jour en elle une nouvelle naissance.

Commence alors sa promenade quotidienne jusqu'à son point de chute, son jardin suspendu. « Salam ! Salam ! » lui lancent la multitude de serviteurs s'occupant à chaque instant de son jardin. Elle n'était pas peu fière de ses douceurs florales. Elle avait déjà un certain amour pour les fleurs lors de sa première vie sur Terre mais ne savait pas s'en occuper. En outre, elle avait toujours habité en appartement, pas question donc de les cultiver en grand nombre. Alors, à chaque fois qu'elle y pensait, elle demandait à son Seigneur de lui accorder un immense parc floral une fois au Paradis.

Aujourd'hui, elle l'avait son jardin. Et quel bonheur. Son coeur ne pouvait se lasser de cette vaste étendue de couleur. Comme un spectre, allant du rouge au jaune, en passant par le bleu et le violet, il provoquait en elle sentiments variés qui traduisaient pourtant la même chose : la paix. Les fleurs faisaient une à une parvenir leur parfum aux narines de Zeinab, chacune attendant patiemment son tour. Quel privilège pour ces fleurs d'atteindre l'odorat d'une femme élue.

Le parterre de fleurs passé, elle se trouve désormais face à la colline adornée de coquelicots

la reine est morte vive la reine

rouges flamboyants. À son sommet, se trouve des bulles de cristal flottant dans les airs et enguirlandées de roses. À l'intérieur de l'une de ces bulles, la plus haute donc, son divan.

L'inspiration chaude et réconfortante d'un soleil se rapprochant toujours plus à mesure qu'elle arpente la colline. Les papillons, de couleurs diverses, se promènent de coquelicots en coquelicots. Les fleurs semblent accueillir chaque papillon comme s'il était un invité de renom. Ceux-ci leur rendent la pareille en effleurant chaque coquelicot de leurs douces ailes colorées. Un regard extérieur pourraient penser qu'ils entretenaient une relation amicale, sinon affectueuse. Que dire alors de Zeinab ? Chaque fleur se tourne vers elle à mesure qu'elle traverse le champ, comme pour l'admirer. Zeinab sourit à chacune de ses fleurs, leur susurrant un « Salam ! » timide mais empreint d'euphorie.

Elle y est. La bulle descend vers elle pour l'accueillir en son sein puis remonte tout doucement vers sa station. Une légère odeur musquée l'emporte loin au pays des rêves. À l'intérieur de cette immense bulle, flottent plateaux d'or contenant des mets en tout genre. L'on croirait voir des plumes portées par une main invisible

la reine est morte vive la reine

mais délicate. Son choix se porte sur un breuvage à la rose et une tarte au citron.

Al Jannah. Elle y était, enfin. Sa vie sur Terre n'avait été ni malheureuse ni heureuse. Elle avait eu des moments d'intense joie, des moments de petites joies, des moments de très grande tristesse mais aussi quelques petits moments de déprime. Zeinab, d'une grande banalité, se demandait ce qu'elle avait de remarquable pour mériter le bonheur éternel. Il arrive souvent que l'astre ne se rende compte de son éclat dans la nuit noire. La douce descente entamée par la bulle la sortie de sa rêverie. Il était l'heure. Aujourd'hui, comme chaque vendredi en fin d'après-midi, elle se réunissait avec quelques femmes de son voisinage. Zeinab grimpa alors sur son cheval blanc ailé, la crinière coiffé de perles de saphir, direction lieu de son rendez-vous.

Durant son voyage, elle traversa les champs, les palais perlés, les rivières de miel et de musc, les chalets, les cabanes, les parcs, les déserts et croisa quelques habitants du Paradis, chacun vacant gaiement à ses occupations.

la reine est morte vive la reine

Sans même qu'elle ne se rende compte, se présente bientôt sous ses pieds le lieu du rendez-vous. Pour cette fois-ci, elles avaient choisi de passer du temps au lac Saldina. L'eau d'un bleu royal formait une immense couverture qui se mouvait au gré des vaguelettes. À son extrémité, un banc de sable blanc qui cherchait à s'y assortir. Le ciel, bleu lui aussi, se jetait et s'alignait en cette eau si jolie. Les montagnes quant à elle, revêtues d'un costume vert tacheté de jaune mimosa, formaient une garde royale. Tous ces éléments composaient parfaitement ensemble, comme s'ils avaient été créé les uns pour les autres. Comme un tableau de maître que l'on n'oserait regarder par peur de le souiller de nos imperfections.

Les filles ainsi réunies, elles s'apparentaient à une constellation tant elles étaient parfaites de lumière. Aujourd'hui elles étaient 7. Mais il arrivait que la pléiade s'élargisse ou rétrécisse.

« Salam ! ». C'était Huzna. Accompagnée de son amie euphorie, elle fut la première à accueillir Zeinab. Les autres suivirent rapidement. Leurs sourires étaient radieux, les cœurs heureux de pouvoir passer du temps avec leurs bien-aimées. Ainsi, nous avions Huzna, Zeinab,

Adèle, Camila, Chibuzo, Ardinna et Zulaikha. Aucune de ces filles ne se connaissaient avant d'entrer au Paradis, mis à part Adèle et Camila qui furent amies auparavant et qui le resteront éternellement.

Ces 7 femmes se sont rencontrés dans leur vie antérieure alors qu'elles étaient jeunes lors de retraites spirituelles organisées en ligne. Ces femmes animaient chacune en leur être le souhait d'un jour être voisines au Paradis. Quelle ne fut pas leur joie intense lorsqu'elles s'aperçurent toutes devant l'une de ses vastes portes d'entrée. Lors de ces rendez-vous hebdomadaires, les jeunes femmes discutaient de beaucoup de choses, notamment de leur vie passée sur terre. Ainsi, le sujet de leurs épreuves passées revenait assez souvent. Elles ne les évoquaient pas avec tristesse, mais avec une certaine reconnaissance car elles savaient que c'était entre-autre grâce à elles qu'elles étaient là aujourd'hui. Certes, l'intensité de leurs afflictions n'étaient les mêmes. Zulaikha avait perdu son enfant alors qu'il n'était âgé que de 4 ans. Son coffre d'amour hurla de joie lorsqu'elle le revit. Chibuzo avait eu un cancer de sein qui l'avait fait souffrir des années durant, elle en est d'ailleurs morte. Camila, née au Pérou, fut une

la reine est morte vive la reine

réfugiée politique et climatique et vécu dans l'immense pauvreté, du début jusqu'à la fin de sa vie, à l'inverse de Huzna qui avait baigné dans la richesse et les privilèges. Zeinab avait eu une vie des plus banales, son quotidien alternant petite peine et petite joie, toutefois, elle avait été constante dans ses actes et dans son caractère. De nature très effacée, personne sur Terre n'a su la connaître. Néanmoins, Quelqu'un dans les Cieux avait constamment veillé sur elle. Un point commun rassemblait ces femmes là, malgré leurs différences : leur attachement inébranlable à leur Seigneur.

Assises en cercle sur une nappe satinée, nos chères amies dégustèrent pâtisseries et breuvages colorés. Le doux vent soufflant flattait leur beauté. Zeinab, habitée d'une allégresse, jouait avec le sable de ses mains, tout en regardant au loin, au plus loin qu'elle pouvait. Son sourire sans retenu révélait des sentiments bienaises.

À la suite de cette collation, les étoiles s'accordèrent à l'idée de se promener sur le lac. Les voici désormais, voguant d'une barque en bois massif reluisant de vernis transparent sur une eau cristalline. Les petits doigts de Zeinab plongés dans l'eau suivaient le cours des vagues.

Elles continuèrent de voguer, le coeur reposé, sachant le bonheur conquis.

la douce pâtissière

Il semble à Salama qu'elle a toujours eu en elle cette volonté là d'aider les gens. Elle ne supportait pas l'idée de les savoir tristes, seuls, désespérés. N'y voyez pas là la manifestation d'un égo surdimensionné mais, en son fort intérieur, elle était persuadée d'avoir été créée pour cela. Sa définition du bonheur, le pensait-elle, résidait dans la joie et dans l'aide qu'elle pourrait apporter aux autres.

Sa mission ainsi établie, il fallu trouver le support. Que fallait-il faire ? Fallait-il devenir psychiatre, psychologue, médecin, travailleur social, professeure… ? Il existe bien heureusement mille et une manières de venir en aide aux autres, fallait-il seulement trouver la meilleure.

C'est ainsi qu'elle se dirigea vers les études de psychologie, pour devenir psychologue donc. Elle passait alors de longs instants de sa vie à s'imaginer dans son cabinet, qu'elle voyait accueillant et chaleureux, recevant les nombreuses jeunes femmes qui auraient besoin de ses doux conseils. Elle avait même pensé à la décoration. Les murs seraient ornés d'œuvres d'art et des plantes apporteraient la touche apaisante tant recherchée par les personnes au cœur pleurant.

Ses études enfin achevées, elle s'accorda une pause. Non pas par volonté propre. En vérité, la sauveteuse souffrit elle-même de quelques troubles émotionnels. Cette pause lui offrit un trésor de temps libre, jamais elle n'en avait eu autant à sa disposition. Un peu désorientée au début, elle décida de s'adonner à des passions, nouvelles ou anciennes, ainsi la pâtisserie fit son entrée dans la vie en manque de couleur de la jeune fille. Quelle joie cette activité procura à son cœur.

Dénicher des recettes dans les livres, les adapter à ses goûts, jouer avec les couleurs, les sensations... toutefois, ce qui lui donnait toujours plus envie de passer du temps aux fourneaux était l'effet que provoquait ses créations sur sa famille. Il était en effet coutume pour la fratrie de se rassembler plusieurs soirs par semaine autour de la table à manger afin de déguster le dessert concocté par la jeune femme. Ce dessert ouvrait la porte à la discussion et à la bonne humeur.

Un soir, sa mère lui dit :

« Pourquoi ne deviens-tu pas pâtissière ? »

Salama rit en entendant cette question. Jamais elle n'avait pensé à devenir pâtissière, ce n'était pour elle qu'une passion. Et puis, ce n'était pas possible, plusieurs choses l'en empêchait. Déjà, elle n'avait pas été formée pour cela. Comparée aux grands noms de la pâtisserie, elle était médiocre. En outre, que ferait-elle si elle manquait d'inspiration ? Si sa créativité cessait et qu'elle n'arrivait plus à inventer ou retravailler des recettes ? Que ferait-elle si les gens se lassaient d'elle ? Enfin, argument final et pas des moindres, ce qu'elle voulait dans la vie était d'aider les autres. Quand bien même créer des pâtisseries lui faisait grand bien, elle ne pouvait pas en faire sa profession. Un gâteau n'aide personne.

Son frère, comme si l'avait fait exprès, interrompit ses pensées lorsqu'il dit :

« Qu'est-ce qu'il m'a fait du bien ce gâteau ! »
De loin, sa mère la regarda le sourire au coin des lèvres. Salama lui rendit le regard, ne sachant que penser.

Quelques jours plus tard, sa mère revint à la charge.

« - As-tu vu comment tes pâtisseries nous font du bien ? As-tu réfléchis à ce que je t'ai dit la dernière fois ?
- Très chère mère, tu sais à quel point j'aime la pâtisserie. Tu ne saurais deviner à quel point j'aime créer, inventer chaque jour. Cependant, je ne peux pas. J'ai fais vœu d'aider les autres au quotidien. Je veux aider les autres à être heureux. »

Sa maman ne semblait pas comprendre.

« -Eh bien ?
- Eh bien, en faisant le choix de devenir pâtissière, j'abandonnerai cette idée d'aider les autres.

- Et tu ne peux pas aider les autres en pâtissant ?
- Ce sont juste des gâteaux.
-Salama, comment fais-tu pour ne pas remarquer que non, ce ne sont pas « juste des gâteaux ». Les desseins de Dieu sont subtils et fascinants. Peut-être qu'Il t'as doucement guidé vers la pâtisserie pour que tu rencontres un public qui n'aurait sinon jamais croisé ton chemin si tu avais été psychologue. Un public très spécial, constituant la majorité des êtres sur Terre, celui qui n'a pas idée de ses souffrances, celui dont les souffrances sont silencieuses. Celui dont les souffrances tuent à petit feu sans même qu'il ne s'en rende compte. Tes gâteaux ne sont que le moyen, l'appât avec lequel tu attires ces êtres vers toi. Alors, je ne sais pas quels effets auront tes gâteaux sur le cœur des autres, tu ne sais pas non plus, laisses-toi donc porter par le fabuleux plan de Dieu. »

la reine est morte vive la reine

à la carte

Attablée. Le serveur vient à nous donner la carte, à moi et à chacun des invités. Il est temps de choisir, cela devrait être facile non ? Je regarde autour de moi, la salle est absolument immense. Accoudée à la fenêtre, j'observe d'un oeil anxieux le soleil couchant et sens ses derniers rayons chauds sur mon épaule.

Je n'ai toujours pas choisi. Tous les plats me semblent à la fois appétissants et répugnants. Je ne parviens pas aisément à interpréter mes sentiments. La carte ne m'attire pas, pourtant j'aimerais pouvoir choisir un plat et me régaler, comme les autres. Le serveur fait ses approches. Il faut choisir. Je regarde autour de moi, à ma table, la plupart des convives semblent s'être accordés sur un choix. Puis je croise le regard d'une personne las comme moi mais qui ne put m'aider.

Le soleil désormais au lit, le drapé noir de la nuit recouvre tout. La salle est très peu éclairée et bruyante, elle est si peu rassurante mais pourtant personne ne semble s'en plaindre.

Là, face à moi, le serveur me regarde à peine, comme si je n'étais pas. Peut-être a t-il perçu mon malaise. Suis-je la seule submergée par cette abondance de choix ? J'ai choisi. Je n'ai pas pris de risque, mon choix s'est porté sur un plat que tout le monde aime…y compris moi ?
Le serveur ainsi satisfait, je le vois s'éloigner. Je le suis du regard, un peu morose, comme si la sentence était tombée. Mais mon cœur ne peut pas. Alors je sors de table et cours à sa poursuite.

« Je veux changer ! »

Sa surprise laisse place à de l'agacement qu'il ne cherche même pas à masquer.

« Très bien que voulez-vous ? »

la reine est morte vive la reine

Comment lui dire que je ne sais pas, que rien ne m'intéresse mais que j'aimerais goûter à tous les plats, ou rentrer chez moi et oublier cette soirée avant de revenir le lendemain et être à nouveau confronté à cette terrible carte.

Alors je le regarde, peut-être guidera t-il mes pas ?

« Je je ne sais pas, je ne peux pas, j'ai besoin de temps… »

Le temps s'arrête. Dans cette salle sombre, je ne perçois que les regards emplis de mépris et de malices des autres convives. Ils chuchotent entre-eux je ne sais quoi. Comment osais-je ne pas choisir ? Comment osais-je ne pas vouloir passer du temps dans ce restaurant sombre, glacial, bondé ?

Oh, je sais ce que je veux !

« Proposez-vous des délices sucrés ? »
« Le restaurant ne propose pas desserts, mademoiselle. »
« N'y a t-il pas un pâtissier disponible qui pourrait m'en faire, à moi et à d'autres ? »

Le serveur semble perplexe, il pense qu'il a affaire à une marginale. Pourtant je suis sûre que la question lui est régulièrement posée.
« Non. »

Et puis s'en va.

Tourbillon d'émotions en moi. Je suis là, debout, face à des convives qui veulent me transmettre toute la déconsidération qu'ils ont pour moi. Ils se régalent tout en me regardant, moi celle qui ne peut se résoudre à choisir un plat sur cette carte. Mais je ne suis pas dupe, s'ils appréciaient sincèrement leur plat, ils n'auraient pas pensé à exprimer leur mépris. Certains gestes ne trompent pas. Beaucoup ont le regard et le corps tourné vers cette porte de sortie qu'ils aimeraient, j'en suis sûre, franchir. Mais ils ne peuvent pas. Que dirait-on ? Que fera-on ? Où ira t-on ?

Personne n'est venu à mon secours. Alors oui, certains m'ont proposé de partager leur assiette. J'ai goûté. Je n'en veux pas plus.

Alors, toute hésitante et malgré une angoisse et une peur cristallisantes, je sors, en marge du restaurant et exprime enfin toutes ces émotions qui sont en moi, tous ces sentiments d'échecs et de solitude que j'ai ressenti, là debout dans ce restaurant.

Plongée dans le noir. Mais la lune brille toujours. Et mon cœur bat toujours.

Je vais écrire ma carte de desserts. Je vais ouvrir ma pâtisserie : elle sera petite, réconfortante et surtout baignera de lumière. Là, seront exposés toute sorte de desserts, de pâtisseries, de viennoiseries et autres merveilles colorées et sucrées, et chacun y trouvera sa part de bonheur.

la reine est morte vive la reine

voyage de toute une vie

Ce récit date d'il y a quelques années. Des décennies, des siècles, des millénaires ? Peut-être même quelques secondes ? Je vous avoue que je ne sais plus trop... mais ce n'est pas important.

J'embarque dans le wagon censé m'emmener à destination. Mes sentiments profonds se lisent sur mon visage je crois, en tout cas, sont-ils perceptibles au battement de mon coeur. Un cocktail de joie, de peur, de tristesse mais aussi d'appréhension. Il faut dire que je l'ai préparé ce voyage, durant de longs mois. Je ne l'ai pas préparé seul, ma mère m'a aidé. Mais l'aide ne comble pas la solitude. Solitude avec laquelle je vais devoir composer durant ce voyage. Soli-

la reine est morte vive la reine

tude qui est aujourd'hui à mon avantage puisqu'elle me permet de choisir librement ma place dans ce wagon. Juste le temps de m'asseoir et de contempler la fenêtre que quelques personnes passent dans les couloirs du wagon. Nous avons à peu près le même âge alors, on se comprend. Devrait-on ? Leur timides sourires m'indiquent qu'ils ne me sont pas hostiles. D'ailleurs ils s'assoient à côté de moi. Je n'ai absolument aucun souvenir des heures suivantes, tant elles étaient agréables. Mais toute bonne chose a une fin, alors, mes compagnons ont dû partir. Oh ! Mais, oh ! Je ne leur ai même pas demandé leur prénoms !

Bon… tant pis. Les heures passent. À cette heure précise, le wagon est rempli. Comme au début, les voyageurs semblent me ressembler à la différence que cette fois-ci ils ne me ressemblent pas. Je ne comprends pas… ils me sont différents mais si semblables. Chacun a une valise. Certains ont des valises si légères… ils avancent dans l'allée avec aisance. Ils décident d'ailleurs de les poser dans le rangement du haut, comme si que ça allait de soi. De toute façon, c'est plus facile pour eux. D'autres par contre ont de lourdes valises. Elles sont si sombres, elles en déborderaient presque. Ils

la reine est morte vive la reine

peinent à avancer avec. Les visages de ces voyageurs transpirent le combat. Pourtant, je les trouve dignes. Je ne sais pas si j'aurais eu le courage de voyager avec de telles valises. Pourquoi est-ce qu'ils ne les vident pas ? Pas besoin de voyager avec autant de choses ! La plupart des voyageurs aux grosses valises les laissent à même le sol. Il n'y a pas beaucoup de place là-haut de toute façon. Certains essayent, échouent, réessayent, font face aux regards remplis de mépris des voyageurs légers, échouent, puis abandonnent. Certains réussissent du premier coup. Mais je ne sais pas… c'est bizarre, ne vous méprenez pas, je les respecte, mais je les admire moins que les voyageurs légers.

La nuit fait ses approches. Du monde autour de moi mais si seule, encore une fois. Mes certitudes m'amènent au doute, je n'ai aucune prise sur mon identité, sur le réel. Le réel ? Qu'est-ce donc ? Ce voyage, est-il le bon ? Devrais-je faire un bond et changer ? Changer…moi ? Ma vie ? La réalité…

Je ne suis plus sûre d'en avoir envie. Je suis comme prise dans un tourbillon. Et la destination. Existe t-elle ? J'ai entendu des voyageurs

autour de moi affirmer qu'il n'y a rien au bout de voyage. D'autres sont pourtant persuadés que si. Je me plais à croire à un second voyage.
Les lueurs du jour affaiblissent la tempête. Celle-ci, à certains moments, semble toutefois plus forte qu'auparavant. Une véritable bataille se joue au fond de moi et s'empare de mes forces. Je réussi tout de même à y échapper et j'ai les armes pour combattre les prochaines.
Je m'affaiblis. Je ne sais pas, mon énergie d'antan n'est plus. Je suis faible physiquement mais si forte mentalement.

Le train s'arrête brusquement. Ai-je a peine eu le temps de profiter du paysage que le voyage s'arrête ainsi, sans que je ne puisse refuser de descendre du train. Alors je m'en vais, méditant sur le sens de ce voyage si long mais si court, si délicieux mais si éprouvant.

la course

Se tenant prête, au bout de ce long corridor qui borde les horizons.

Elle est debout. Son regard concentré indique sa détermination. Son coeur porte à vrai dire beaucoup de choses. Il se met à battre vite, très vite, ressassant toutes les douleurs qui lui ont été infligés.

Elle reprend son souffle. Les larmes lui montent mais, trop fière, elle s'interdit de les laisser couler. Derrière elle, une immense fresque colorée. Des siècles qu'elle a été réalisée par un des grands peintres de ce monde. Elle adorait l'art et prenait toujours le temps d'observer ce chef

la reine est morte vive la reine

d'œuvre. Aujourd'hui, l'avait-elle à peine remarqué.

Un léger courant d'air marin soufflait entre ses cheveux denses et crépus. C'est un après-midi d'été, les rayons du soleil frappent le carrelage brun de la demeure. Ses pieds hyperactifs traduisent une angoisse refoulée.

Elle se place au bord du balcon, les mains délicatement posées sur ses chauds rebords en pierre blanche. Le vent est d'autant plus intense. Les feuilles des arbres frissonnent, dansent accompagnées des chants d'oiseaux et divers insectes. La mer au loin se promène sur cette plage, vidée de tout être, au sable jaune. La nature est le plus joli des tableaux.

Elle recule et se remet dans sa position initiale. Extrait l'air de ses poumons. Pose le regard loin, loin, au-delà des limites du mur opposé. Elle place doucement son voile en soie sur sa tête.

Elle y va. Nu pied, se met à courir. Courir. Toujours plus rapidement. Le paysage autour d'elle est flou. Dévale les escaliers à grande vitesse, toujours. Les badauds stupéfaits la voient traverser l'entrée du palais à grande vitesse, mais daignent la retenir. Ils savent. Les larmes n'ont même pas le temps de toucher ses joues, elles sont portées par le vent.

Ses pieds parcourent désormais le sable chaud de la plage. Elle ralentit peu à peu, se retrouve face à l'immensité bleue turquoise. Ses jambes ne peuvent plus soutenir cette tristesse qui la ronge toujours plus. Alors elle s'affaisse. Genoux au sol, gémissant de douleur, elle pleure. Elle aimerait tant être emportée par cette eau, loin, très loin, là où tout est possible. Les vagues l'approchent et s'éloignent, comme, sans trop oser, pour apaiser un coeur meurtri. Elle ferme les yeux quelques instants et écoute. Le chant des vagues, des goélands, du vent soufflant. Elle sait désormais qu'Il est Le Seul vers qui elle doit se tourner.

la reine est morte vive la reine

les lanternes imperceptibles

Albert est malheureux en ce monde. Son âme n'arrive pas à discerner ses belles lanternes.

Un voile sombre et opaque s'est, de manière progressive, planté face à ses voies optiques. Peut-être a t-elle trop souffert ? Les éclats de son coeur se sont répartis tout autour de son corps. Son regard ne peut éviter cette douleur qui lui fait constamment face. À chaque fois qu'il se baisse pour ramasser les morceaux, d'autres tombent de son récipient d'amour qui n'est plus. L'erreur qu'il commet, l'a t-il désormais compris, est de vouloir à tout prix recoller les brisures, brisures foudroyées de désamour durant sa tendre enfance. Il doit les laisser disparaître naturellement. Peut-être le soleil les fera t-il fondre ?

« Qu'elles tombent, soit ! Je n'ai plus besoin de porter le poids de ces pièces cruelles et écrasantes ».

la reine est morte vive la reine

le nuage dans le ciel

Dans cette boutique d'antiques, toute sorte d'objets anciens étaient vendus aux collectionneurs avisés. Parmi ces objets, une carte postale. Nul ne savait de quand elle était datée. Perdue entre des centaines de cartes, personne n'avait pris soin de l'acheter, ni de la lire. Pourtant, l'histoire qu'elle contient peut en servir plus d'un. La voici :

« Je ne savais pas depuis combien de temps il était là. J'ai l'impression qu'il est apparu un jour, comme par surprise. Mais il est clair que je n'ai jamais vu un aussi beau nuage de ma vie. Tout de blanc vêtu, il semblait si doux et absolument lumineux. Au dessus de lui, ont été déposés des trésors que, je l'avoue, avait du mal à

la reine est morte vive la reine

distinguer clairement. Je savais toutefois que mon bonheur s'y trouvait. Il était tout ce que j'avais toujours voulu et en son sein vivaient mes rêves.

Ce joli petit nuage n'était pas si haut que cela dans le ciel, il était beaucoup plus bas que ses amis. De ce fait j'arrivais parfaitement à le distinguer. Toutefois, il était suffisamment haut pour que je ne puisse pas l'atteindre.

Je peux vous le dire car j'ai essayé de l'attraper. J'ai redoublé de stratagèmes pour pouvoir l'atteindre, mais rien n'y faisait, il était toujours là-haut, au-dessus de ma tête, me guettant d'un œil que je sentais perçant sans que je puisse rien n'y faire.

Finalement, après moult batailles pour l'attraper et récupérer ses trésors, j'ai compris. Je ne suis pas censée l'attraper. Il est censé descendre sur moi au moment, au bon moment. Ce nuage, comme toute chose, est controlé par une Main. Il n'y a qu'elle qui puisse, selon la Sagesse qui la caractérise, le descendre. Cette Main-là ne me demande qu'une seule chose; lui faire confiance. Remplacer toutes mes appréhensions, questionnements et autres par une

la reine est morte vive la reine

confiance aveugle. Difficile n'est-ce pas ? Comment faire confiance ?

Observant ce nuage, je médite. J'ai, des années durant, tourné mon regard vers lui sans jamais penser à cette Main qui pouvait me l'accorder.

Pire encore, je n'ai pas préparé son atterrissage ! Ce beau nuage doit être accueilli dans les meilleures conditions, tel un roi. Or, je ne suis pas sûre de pouvoir les lui offrir. Je ne suis pas sûre de mériter ses trésors, et je suis sûre que mon nuage ne se plairait pas dans l'environnement que je lui réserve. Cette pensée me rend triste, au point que je n'ai même plus envie de regarder mon nuage. Peut-être que je ne l'aurais jamais finalement. Je baisse la tête pour signaler ma douloureuse déception et laisse quelques larmes s'échapper de mes yeux noyés de chagrin.

« La Main ne descendra jamais ce nuage sur moi » pensais-je

À cet instant-là, l'ombre autour de moi s'est légèrement élargie. Le nuage est descendu de quelques centimètres. Enfin, je crois ? Un espoir empli de doute s'est déposé dans mon cœur. Une determination silencieuse m'a poussé à penser :

« Il faut que je prouve au nuage que je suis digne de lui »

À partir-là, j'ai décidé que j'accueillerai ce nuage dans les plus belles conditions, j'ai donc travaillé ma nature et mon environnement. Oh, cela n'a pas été chose facile et j'eus envie d'abandonner, de dire « tant pis ! » à ce nuage qui semblait parfois me narguer. Mais je n'ai pas abandonné. Je ne le pouvais. Pourquoi ? Parce que je savais que ce nuage m'appartenais. Je sais qu'il est écrit quelque part dans les cieux que mon nuage descendrait sur moi à une date très précise. La seule chose que je puisse faire donc est de travailler à sa réception et de faire confiance à Celui qui a tout prévu.

À certains moments, j'ai voulu tricher. Je me suis mis à penser que le nuage ne descendrait uniquement si j'étais avec certaines personnes ou à certains endroits. Alors, j'ai cherché. Rien. Invisible aux yeux des autres mais bien visible aux miens, le nuage, là, toujours posté dans le ciel. Les gens ont dû me prendre pour une personne étrange à toujours avoir les yeux rivés vers là-haut.

Oh, mes émotions m'ont travaillés durant cette période d'attente. Je savais qu'une partie de mon cœur était contenue dans ce nuage mais il a fallu faire sans, au moins pour un temps.

À force de travail, j'étais tant occupé à me perfectionner que j'oubliais presque ce nuage. Je le savais évidemment au-dessus de ma tête à tout les instants et où que j'aille, mais je ne passais plus mes journées à le contempler. Je regardais à l'intérieur de moi-même et autour de moi.

Enfin, pour être tout à fait honnête, j'avais toujours un oeil porté vers le ciel. L'immense ciel au-dessus du nuage. Il est vrai que j'étais tellement centré sur ce nuage que j'en vins à oublier l'immense ciel dont il faisait partie.

Vinrent des matins au réveil où j'étais persuadée que le jour était arrivé. Alors, je me levais, comme tout excitée à l'idée d'avoir enfin mes trésors, mon réconfort. Sauf qu'à chaque fois il ne se passait rien. Et la tristesse berçait mon cœur tremblant.

Un soir, je fis un songe. Un songe qui dura à peine quelques secondes. Dans celui-ci, je me vis à vélo, au dessus de moi, si vous suivez vous l'aurez deviné, mon nuage. D'un coup, ce nuage descendit sur moi et s'ouvrit en deux, me berçant de ses trésors. Je fus confuse à mon réveil. Assez étrangement, je ne ressentis aucune joie, je pense que mon cœur se protégeait d'une ultime déception. Alors, j'ignorai ce songe et continua ma mission, tout en (je n'assumais pas ce sentiment) espérant que ce fut en bon présage. Ma lueur d'espoir eu raison. En effet, quelques jours après cet épisode, je me rendis à un endroit à vélo. Et là, le miracle se produit, le nuage descendit sur moi, d'un coup, s'ouvrit en deux et me présenta ses trésors.

Toi qui a lu ce récit jusqu'ici, je sais que mes sentiments sont devenus tiens. Alors, je sais que tu imagines ma joie, mon bonheur immense à ce moment-là. Ce que tu imagines ne suffit pas, ma joie était plus encore. Je remercia la Main qui eut pitié de moi et qui m'attela à ma nouvelle mission. Je devais prendre le plus grand soin de mes nouveaux trésors.

J'aimerais te dire qu'à ce moment-là, je compris une bribe de la Sagesse de la Main. Si je ne m'étais pas préparé à recevoir ces trésors, je les aurais gaspillés et ils m'auraient été repris. Or, mes trésors, lorsqu'ils ont vu dans quel cœur ils ont été déposés, ne voulurent pas retourner au nuage, même si je les y avais forcé.

Alors, depuis ce jour-là, je suis occupé à labourer mon cœur pour être digne de la Main qui accorde mais qui peut reprendre à tout moment, et de ces trésors que je chéris de tout mon être. »

à la lumière de l'âme

Il n'a pas fait froid cet hiver. Pourtant, je n'ai jamais autant grelotté. J'ai tremblé des mois durant, ne trouvant pas de source de chaleur à disposition. Alors, j'ai accepté. Accepté d'avoir froid. Accepté de trembler. Accepté de résider dans une nuit permanente.

On m'avait parlé de cette nuit, je savais que je devrais y faire face un jour ou l'autre. J'avais par ailleurs déjà vécu quelques nuits, qui n'ont pas duré longtemps je vous l'accorde.

Quand est-ce la dernière fois que j'avais vu le Soleil ? Un jour, je le vis se coucher. Sans même prêter attention à ses lueurs, sans savoir

la reine est morte vive la reine

que je ne le verrais pas avant des mois. Qu'est-ce que j'avais besoin de lui. Sa lumière éclatante me manque terriblement.

Depuis son coucher, mes émotions ont grandement été mises à contribution. Mais j'entretenais en moi l'espoir, l'espoir qu'il reviendrait. Alors, chaque jour à mon réveil, je courrais vers la petite lucarne en bois pour voir s'il était là, s'il avait eu pitié de moi et voulu bien partager ses rayons. Rien que pour un temps, un instant. Toujours pas. Alors, je m'éloignais, doucement, à reculons. Parfois, je ne prenais même pas la peine de vérifier, la douleur de la déception étant la pire de toutes. Le cœur lourd, s'efforçant de verser des larmes qu'il aurait du mal à calmer. S'efforçant de garder espoir, sachant la promesse vérité et que le Soleil reviendrait, tôt ou tard.

Il fallait qu'il revienne, sinon j'allais sombrer dans cette nuit sans fin. Alors, j'entrepris des mesures. J'allais m'efforcer de créer un Soleil en moi, un astre, peut-être que ma lumière attirera le vrai Soleil. Ne dit-on pas que les choses similaires s'attirent ? La lumière devrait donc attirer la lumière.

la reine est morte vive la reine

Ma décision prise, je m'assis, le regard porté dans le vide. Comment faire ? Par où commencer ? Vite vite, je suis allé cherché un calepin et un crayon. Mais la feuille resta vide de longues minutes. Personne ne m'a jamais appris à sortir du noir. Toute ma vie, l'on m'a montré comment rester sous le soleil, comment ne pas tomber dans le noir. Mais lorsque l'inévitable arrive, que faire ?

Je regardai autour de moi. Je n'avais personne. Pas d'épaule sur laquelle me reposer. Personne à qui demander des conseils. Tant pis. Je pouvais le faire. Je n'avais besoin que de Sa Main. La Main de Mon Seigneur.

Levant les yeux et regardant autour de moi, je tombai sur carte postale du Petit Prince. Comme beaucoup, c'est un livre que j'adorais. Petite, je m'identifiais au petit prince. Plus grande, je voulu devenir comme lui. Déposer ses valises, libérer son esprit des choses sérieuses, utiliser son imagination et vivre. Vivre pour de vrai et pleinement. À t-on réellement besoin d'un plan ? Peut-on réellement planifier alors qu'existe Le Planificateur ? Tant de questions encore une fois auxquelles personne ne pouvait répondre.

la reine est morte vive la reine

Très souvent, durant les nuits sombres, je pensais. À mon destin, à moi-même. Parfois, je me disais que j'aurais un destin tragique, à l'image d'une héroïne grecque qui mourrait en tentant de se sauver elle-même. Ou peut-être aurais-je un destin radieux, celui du héros qui, malgré les coups, s'est relevé sans cesse et a fini par triompher. Je ne me retrouvais dans aucun des deux scénarios, la fatigue berçait mon cœur et lui demandait d'abandonner. Je ne le pouvais pas.

« La lumière viendra de mon cœur ». Désormais, je m'efforcerais de provoquer la lumière. D'abreuver les autres avec une lumière que j'eus du mal à aller chercher.

Bien évidemment, ce fut loin d'être chose aisée. Il fallu d'abord ramasser les morceaux de mon âme meurtrie, éparpillée un peu partout dans la pièce. Que faire de ces morceaux ? Je n'étais pas sûre qu'il y eut grande utilité à les garder, encore moins à les recoller. S'ils sont tombés c'est qu'ils ne correspondaient pas. Alors, je les déposai dans une jolie boite sous mon lit, comme si que j'enterrai symboliquement une moi révolue. Cela ne fut pas facile, je me sentais incomplète. J'avais des nouveaux morceaux, certes, mais il m'en manquait quelques-uns. Tant pis, m'étais-je convaincue, il va falloir faire sans.

Pourrais-je vous faire un inventaire de toutes les émotions que j'ai ressenti durant cette période là de ma vie ? Impossible. Tout ce que je peux vous dire c'est que j'avais le cœur qui désirait exploser à chaque instant, mais il tint, comme par miracle.

Les premiers jours de cette nouvelle entreprise furent, à ma grande surprise, joyeux. Mon âme avait accepté le changement sans trop se plaindre. Je pense qu'elle était curieuse. Les jours suivant, elle commença à déchanter et rechigna à suivre mes ordres. Ce ne fut pas une mince à faire, j'avais déjà mon cœur à rassurer. Il a fallu que j'apaise mon âme, que je la motive, lui montre la voie vers la lumière. Comment lui dire que je ne savais pas vers où devais-je me tourner pour trouver cette lumière. Il fallu tâtonner, essayer. Un inventaire de mes échecs est aussi douloureux que non nécessaire. Passons.

Durant tout ce processus, je ne pu m'empêcher de tourner ma tête vers la petite lucarne. Je

la reine est morte vive la reine

n'avais jamais remarqué à quel point elle était petite. Voici une description détaillée pour que vous vous en fassiez une idée. Elle était ronde et entourée de bois. Même si le Soleil venait à faire ses entrées, je ne pourrais pas vraiment ressentir ses rayons. En outre, j'avais installé un rideau car la nuit me faisait mal. Je résidais dans un déni qui ne me procurait aucun bien mais qui, je le pensais en tout cas, m'empêchait de totalement sombrer. Ce déni me plongea dans un état de stagnation. Comment soigner un mal que l'on ignore ?

Face à ce constat, je me suis décidé à changer de chambre. Il me fallait une fenêtre, une immense fenêtre qui donnait sur la nuit noire. Je me mis à chercher cette pièce-là dans mon manoir. Durant mes recherches, j'ai croisé quelques membres de ma famille. J'hésitais à leur raconter. J'hésitais à leur faire part de mes expériences. Je ne suis pas sûre qu'ils comprendraient, alors, je me suis décidé à attendre les résultats de l'expérience, qui je l'espérais fut concluante.
Bonne nouvelle : j'ai trouvé ma pièce, ma salle idéale. Il fallu désormais déménager.
Ma première chambre était dans un état catastrophique. J'avais accumulé bien des choses

la reine est morte vive la reine

depuis des années, m'en séparer, si cela me brisais le cœur, était fort nécessaire. Je ne puis emmener mon passé avec moi, il rendrait mon futur jaloux.

Je ne me sentis pas de suite confortable dans ma nouvelle chambre. Elle ressemblait en beaucoup de points à l'ancienne mais évidemment ce n'était pas la même. La fenêtre avait fait son effet. Voir la nuit noire, comme cela, à nu m'a fait beaucoup de mal. Il y avait quelques étoiles, certes, mais rien qui pouvait faire concurrence au noir ambiant. J'ai voulu mettre un rideau mais cela n'aurait servi à rien. Je voulais être aux premières loges pour voir le Soleil arriver. Lui dire à quel point il m'a manqué, à quel point j'eus froid sans lui et lui demander de ne plus jamais me quitter, sinon de manière moins violente car mon cœur est sensible.

Retour à ma mission. Il fallait que j'illumine mon cœur. Par où commencer ? Je n'avais pas d'idées, alors, j'ai décidé d'aller me promener aux alentours du manoir. J'ai traversé un chemin et croisé une femme, une vieille femme, posée sur un banc. Elle avait le visage particulièrement lumineux, c'est d'ailleurs ce qui m'a attiré vers elle.

la reine est morte vive la reine

« Que la paix soit sur toi ! » me dit-elle alors que je n'avais pas encore ouvert la bouche.

« - Que recherches-tu ?
- De la lumière ! J'aimerais la créer à partir de mon cœur. Je suis alchimiste mais je ne sais pas comment faire cela.
- As-tu lu Le Livre ?
- Lequel ?
- Le Livre.
- Je ne sais pas de quel livre vous parlez. Dis-je alors que j'étais sincèrement confuse.
- Le Livre de la Sagesse. Il contient beaucoup d'enseignements qui t'aideront dans ta quête ».

J'étais désespérée alors je m'assis à côté d'elle et écouta attentivement. Ainsi elle commença :

« Déjà, saches que tu ne contrôles pas grand chose dans ta vie. Avant d'écouter, d'assimiler et d'appliquer les Sagesses, je veux que tu lâches prise. Ce qui doit arriver arrivera nécessairement, peu importe ton effort. Ce qui ne doit pas arriver n'arrivera pas, peu importe ton effort. Compris ? »

Je lui répondis en le regardant attentivement, avare de ce qui allait suivre.

« - Le soleil a t-il brillé plus de 24 heures d'affilées ?

- Non.

- La nuit a t-elle duré plus de 24 heures d'affilées ?

- Non.

- Pourquoi voudrais-tu éviter les périodes de calme et de tourmente dans ta vie alors ? L'alternance du jour et de la nuit est absolument nécessaire à toute forme de vie. Le jour est fait pour s'activer, la nuit pour se reposer. Imagines s'il n'existait que le jour ou que la nuit ? Tout serait déréglé. Les choses alternent selon un calcul bien minutieux hors de notre portée.

- Je ne cherche pas à éviter la nuit, lui répondis-je comme vexée, j'accepte la nuit. Toutefois, cela fait des années que je suis plongée dans le noir. Je ne comprends pas ce qu'il se passe et sens mes forces se dérober. Je ne sais pas si cela est de ma faute, je ne sais pas quoi faire ni où aller pour retrouver ce jour qui me manque terriblement. »

Je commençais à pleurer à ce moment-là. La vieille semblait compatir.

- Tu n'acceptes pas la nuit. Je ne suis pas sûre que tu l'aies déjà accepté.

- L'accepter serait risquer d'y rester pour toujours.
- Tu n'as donc rien retenu de ce que j'ai dis tout à l'heure ? Je me répète : Ce qui doit arriver arrivera nécessairement, peu importe ton effort. Ce qui ne doit pas arriver n'arrivera pas, peu importe ton effort. Deuxièmement. La nuit et le jour alternent. Après la nuit, le jour après le jour, la nuit. La période dans laquelle tu vis ne s'éternisera pas.
- C'est ce que l'on m'a dit il y a des années, pourtant regardes, j'y suis toujours !! » Je continuais à pleurer.

En face de nous, il y avait un lac. Ô que j'aurais voulu m'y jeter. Non pas pour y nager mais pour m'y noyer, crier ma souffrance sous cette eau, y noyer mes sanglots. Peut-être que les animaux marins, eux, me comprendraient ?

Je crois qu'elle lu dans ma tête car elle dit :

« Eh bien, tu as fais le plus gros ! Abandonner ici ne servirais à rien »

Son enchantement dénotait avec ma tristesse. Comment était-elle sûre de cela ? Comment pouvait-elle savoir que mon épreuve ne durerait pas dix années de plus ?

« - Est-ce la seule fois que tu as vécu dans le noir ?
- Non
- Et à chaque tu en es sorti, ou alors tu as vécu dans un noir constant depuis ta naissance ?
- C'est la toute première fois que je vis dans un noir aussi complet. La première fois que je sens mon souffle couper à chaque fois que je regarde devant moi. La première fois que je ne vois rien, absolument rien…
- Oui mais, les autres fois, t'en es-tu sorti ou non ?
- Oui.
- Pourquoi n'en sortirais-tu pas désormais ? La Main qui t'a délivré une fois ne peut pas le faire deux fois ?
- Il fait trop noir…
- As-tu déjà passé une nuit dans le désert. Lorsqu'il fait noir, il fait noir. La nuit il n'y a ni brillance du Soleil, ni lampe artificielle. Pourtant, le Soleil s'y lève toujours ?
- Il y a des étoiles…

- N'as-tu aucune étoile dans ta vie ? Aucun astre qui ta rappelles que la lumière existe toujours, peu importe à quel point elle paraît loin ? »

Effectivement, après courte réflexion, j'avais des astres.

« Le jour va arriver, c'est une promesse. C'est une obligation divine et cosmique. Tout a été créé avec son contraire. Réjouis de l'aurore ! »

la lune

J'ai été sur l'eau puis j'ai dit : « il fait trop noir, j'ai besoin de Lumière ». Alors, la Lune vint, cachée derrière un énorme nuage noir. La Lune n'est pas le Soleil certes. Mais elle est plus rassurante, comme maternelle. En outre, la Lune reflète la lumière du Soleil. Elle était si lumineuse, je savais qu'il n'était pas loin. Fallait-il que j'attende un petit peu plus.

la reine est morte vive la reine

le puit

Elle y est depuis un certain temps déjà. Le noir ambiant ne la dérange plus, ses yeux s'y sont habitués. Son corps aussi. Il a l'habitude de se mouvoir si lentement, qu'un œil non averti pourrait penser qu'il ne bouge plus du tout. Est-elle seulement heureuse ? Elle ne se pose même plus la question. Son existence est subie. Une mort paisible est désormais sa seule volonté.

Salia n'est pas défaitiste, elle n'a pas été élevé dans cet état d'esprit. Elle a toujours fait preuve de créativité, les solutions ne manquent jamais à son cerveau hyperactif. Mais la jeune femme sait aussi rester lucide. À ce moment précis, elle

la reine est morte vive la reine

avait épuisé toutes les solutions que son esprit avait imaginé.

Ce puit avait été le témoin de ses cris à l'aide. Il l'avait entendu s'égosiller et s'il était humain, se serait-il effondré face à sa voix perçante emplie d'affres.

Elle avait évidemment tenté de creuser. Ses mains, fut un temps si délicates sont désormais rougeâtres et boursoufflées. Elle y a cru à de nombreuses reprises. Mais aucune issue. Rien.
Le voile du désespoir s'est placé face à ses doux yeux trahis par la fatigue. Elle se roule en boule, comme pour se câliner. Absolument personne pour la rassurer.

La tête reposant sur un tas de brindilles, elle observe. Le ciel est particulièrement lumineux en cette douce soirée d'été. La lune lui fait face, éclairant une partie de son petit visage et de ses yeux apparaissants noirs. Une petite brise la fait frissonner, comme pour lui rappeler qu'elle est toujours vivante. Les astres, fidèles à eux-mêmes, scintillent. Le ciel est son seul réconfort. Il est sa seule porte de sortie, elle le sait, son cœur le sait. Elle a appris à connaitre les étoiles, à s'en faire des alliés, des amies in-

la reine est morte vive la reine

times. Son cœur tressaille d'amour on les observant.

« Résistes, résistes s'il-te-plaît »
« Il est là, Il t'entend et Te voit »

Seule Son aide lui sera utile. Elle ouvre ses mains, les mots sont confus, sa douleur évacue par ses larmes qui ruissellent sur ses joues.

L'espoir la transporte hors du puit durant quelques instant. Elle s'y accroche fermement, refusant de lâcher cette rampe qui la tient en vie. Ses forces la tiennent, elles la tiennent puis la tire jusqu'à l'extraire. Une bouffée d'air frais. Un renouveau et une confiance infinie envers Cette Main qui ne l'a jamais lâché et ne la lâchera jamais.

l'entracte

Sa première représentation. Les projecteurs abreuvent ses yeux d'une lumière blanchâtre. Son être est rempli de vie. Le théâtre est son habitat.

Le premier acte semble réussi et se conclut brusquement, sans un bruit, plus vite que ce qu'elle avait prévu. Totalement immergée, l'impression était que jamais cela ne terminerait. Qu'elle jouerait cette scène jusqu'à la fin, jusqu'à ce qu'elle passe de vie à trépas. Empreinte toutefois d'un léger réalisme, elle était consciente que l'acte devrait s'arrêter un jour ou l'autre. Ce n'est tout simplement pas ce qu'elle désirait. Le reste de la représentation est envisagé par sa personne non sans excitation mais surtout avec beaucoup d'angoisse. Pour le moment, c'est le changement de costume qui l'effraie.

Que les costumes précédents étaient agréables à porter. On aurait dit qu'ils étaient taillés uniquement pour sa personne. Et puis, les comédiens. Géniaux. Bon, il y en avait toujours un ou deux avec qui le dialogue était difficile mais globalement, elle était heureuse de partager la scène avec cette troupe. Que lui adviendra t-il à la prochaine partie ?

Le moment est enfin arrivé. Place aux changements de costumes et de décors. Qu'a t-elle appréhendé ce moment. L'âme emplie d'angoisse, elle voit le lourd rideau, qui par ailleurs lui parait excessivement rouge, se baisser sous ses yeux, masquant à tout jamais l'acte qu'elle venait de performer.
Elle voudrait hurler que non, elle peut toujours improviser une réplique, un monologue, une tirade... elle n'a pas terminé de jouer...

« Mais pourquoi n'ai-je pas assez profité de cet acte ? Pourquoi faut-il qu'il se termine aussi rapidement ? »

la reine est morte vive la reine

Elle n'est pas prête. Où est son costume ? Est-il à seulement à sa taille ? Qui sont ces nouveaux comédiens ? Pourquoi certains sont-ils partis ? Ceux qui s'en sont allés sont ceux pour lesquels elle aurait juré qu'ils l'accompagneraient jusqu'à la fin. Comme un sentiment de désespoir. Un tourbillon de questions qui l'enchaînent, l'étouffent. Elle suffoque.

Le décor est installé sous ses yeux, que de confusion.

« Et si j'étais malheureuse ? Suis-je taillé pour cela ? Personne pour m'aider. »

Elle s'efforce de se convaincre de la compétence du metteur en scène. Mais c'est si dur. Et s'il s'était trompé ? N'avait pas pris en compte ses spécificités et besoins ? Et puis, ce n'est même pas cette pièce qu'elle voulait jouer de toutes les manières, elle préfère largement celle que joue les autres, elle à l'air beaucoup plus agréable.

Le metteur en scène l'observe de loin, le sourire au coin des lèvres. Il sait parfaitement ce qu'elle traverse. Saisit ses émotions. Accède à son dialogue intime. Des comédiens il en a vu

la reine est morte vive la reine

naître et mourir. Il a choisi tous ses comédiens pour des raisons qui lui appartiennent, il sait donc qu'ils sont faits pour la pièce et accompliront leurs tâches avec brio. Il sait à quel point l'entracte est un moment douloureux, de peur, d'angoisse, et même parfois d'excitation lorsque l'acte précédent fut compliqué à jouer. Mais c'est lui qui a écrit la pièce de théâtre, il en connaît les tenants et les aboutissants, il sait qu'à la fin elle sera heureuse de l'avoir fait et sera fière d'elle.

Toujours saisie par la détresse, elle croise le regard du metteur en scène. Il a suffit à l'apaiser.

la reine est morte vive la reine

le petit chalet dans l'hiver

L'hiver est là, le printemps est loin. C'est en tout cas ce que ressent Laïla. Jamais l'hiver n'avait paru aussi long. Ce qui l'étonne d'autant plus, est qu'elle avait toujours aimé cette saison. Mais cette année elle n'y arrivait pas. Trop long, trop froid, trop rugueux, trop sombre. Elle avait du mal à tirer ne serait-ce qu'un peu de positif de ce moment de l'année.

La saison hivernale, elle la passait dans ce petit chalet. Un petit chalet en bois sombre, assez peu constitué. Elle ne savait pas comment elle s'était retrouvé là, nul besoin de dire qu'elle avait hâte d'en sortir. Souvent, tous les jours devrions-nous dire, elle se postait devant la fenêtre givrée pour vérifier les arbres, vérifier s'ils commençaient à fleurir. Rien. Toujours rien.

Qu'il faisait froid dans ce chalet. Laïla avait fait l'erreur, elle le reconnut très vite, de ne pas s'y préparer. Elle avait certes emporté avec elle quelques vêtements chauds, mais rapidement elle constata qu'ils ne suffiraient pas. Elle s'était préparé dans la précipitation, elle n'avait pas vu arriver l'hiver. Il est vrai qu'il était arrivé rapidement, comme soudainement. En outre, au début, l'air n'était pas si glacial. Il y avait quelques pluies par-ci par-là, quelques coups de vent, mais rien de très sérieux. La petite femme s'est donc installé dans ce chalet sans grande préparation, pensant y résider quelques heures voire quelques jours tout au plus. Toutefois, et à son grand dépit, l'hiver s'est allongé, intensifié. Très vite, les coups de vents sont devenus bourrasques, les petites pluies sont devenues tempêtes de neige et les températures n'ont fait que chuter. Alors, il a fallu se réchauffer.

Tout de bois fait, le chalet avait été construit comme isolant au sein d'une dense forêt. Cela ne suffit pas évidemment. Et les fenêtres, fragiles, semblaient parfois à quelques secondes de

la reine est morte vive la reine

la brisure mais, par miracle, elles résistaient. Au centre de l'unique pièce du chalet, un épais pilier en briques grises. Au centre de ce pilier, une espèce de petite porte noire que Laïla n'avait pas eu la curiosité d'ouvrir.

Ainsi, pour se réchauffer, Laïla jeta son dévolu sur d'épaisses couvertures. Dans un premier temps réconfortantes, la chaleur semblait à chaque fois s'y échapper. Alors, elle changeait constamment de couverture mais rien ne lui seyait.

Un jour, en fin d'après-midi, alors que nous étions à quelques instants du coucher du soleil (soleil qu'elle n'avait pas vu aujourd'hui de toute façon) elle se mit à contempler cette étrange pilier, toute tremblotante. La petite porte aiguisa enfin sa curiosité. Alors, elle se dirigea vers elle, l'ouvrit plus facilement qu'elle ne l'aurait cru et vit, ce qu'elle prit d'abord pour un mirage, une cheminée. Depuis le début elle était là, sous ses yeux.

À son grand étonnement, la cheminée n'était pas rustre, elle était propre et accueillante, comme si quelqu'un l'entretenait tous les jours.

Le bois était déjà placé à l'intérieur, il lui suffit juste de saisir les allumettes et d'allumer le feu. Devait-elle l'allumer ? Elle avait peur que la chaleur ne suffise pas. Et puis, elle n'avait jamais allumé de feu, peut-être était-ce dangereux ? Alors, elle referma la porte et vécu, aussi longtemps qu'elle le pu, sans cette cheminée, grelottant toujours sous ses épaisses couvertures.

Mais elle ne tint pas longtemps, elle avait besoin de cette cheminée. Elle prit les allumettes, les frotta. Et alors quelle flamme jailli devant ses yeux ébahis. Une flamme spectaculaire qui devint peu à peu un peu plus douce. Enfin, elle avait chaud. A tel point qu'elle se débarrassa de ses couvertures qui ne servaient désormais plus à rien

La cheminée éclaira toute la pièce environnante. Laïla, plongée depuis des mois dans la pénombre hivernale, vit des éléments de son environnement qu'elle ne vit pas avant. Ainsi, découvrit-elle une petite bibliothèque, abritant quelques livres poussiéreux. Un livre attira son regard. Sa couverture était rouge avec en guise d'ornement des mots en calligraphie arabe en relief dorés. C'était le Livre. Alors, elle se mit à le lire, s'autorisant à rêver de mieux, à accéder à des savoirs sinon inaccessibles sans la lumière orangée des flammes.

Cette cheminée, aussi invisible qui visible, est désormais source de chaleur et lumière en tout son être.

Une nuit, elle se réveilla toute grelotante, dirigea son regard vers la cheminée. La dernière flamme s'éteignait doucement, tout doucement...
Comment avait-elle pu oublier d'entretenir cette chose dont elle avait si besoin, qui était essentielle à sa survie dans ce chalet et qui lui avait fait tant de bien jusque là ? Alors, elle se leva calmement, comme déçue de sa personne, remit du bois dans la cheminée et frotta une allumette.

Cet épisode lui rappela une parole qui lui disait souvent sa grand-mère :

« Vois ton cœur comme une jolie petite cheminée. Cette cheminée a besoin d'un feu qui pourrait brûler en elle et la réchauffer. Quelle serait l'utilité d'une cheminée sans son feu ? Alors, allumes ce feu. Mais ce n'est pas tout. Entre-

la reine est morte vive la reine

tiens ce feu en ayant un dialogue constant avec Celui qui a créé cette cheminée.

Les flammes seront plus ou moins spectaculaires selon les saisons de ta vie mais jamais ô grand jamais ne laisse le feu en toi s'éteindre. Sinon, tu risques de sombrer dans une pénombre d'abord intérieur mais se rependra aussi très vite en dehors de limites de ton corps. »

la reine est morte vive la reine

à tous ceux qui attendent les citrons

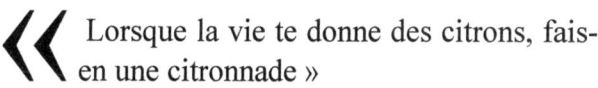 Lorsque la vie te donne des citrons, fais-en une citronnade »

Mais que faire lorsque l'on a pas encore reçu les citrons ? Lorsque nous regardons le sol, impatient de voir sortir de terre ce libérateur citronnier ?

La vie est un cycle dit-on, les mauvaises périodes précèdent les bonnes. Une épreuve n'est pas éternelle. Le soleil s'échappe toujours de la nuit noire, peu importe sa durée et la lune ressort toujours brillante des nuages sombres, peu importe leur densité.

la reine est morte vive la reine

Les choses sont compliqués lorsque l'épreuve est nouvelle, lorsque la vie nous désenchante et nous sort de notre douce insouciance. Mais elle reprend toujours pour donner mieux. Elle se saisit des graines du jardinier pour en faire un citronnier si majestueux qu'il en tomberait presque amoureux.

Alors, ça ira mieux. L'été est là, les sourires vont revenir, les fleurs vont fleurir. Et la vie nous balancera ses citrons !

la reine est morte vive la reine

وَٱلضُّحَىٰ
Par le Jour Montant

وَٱلَّيْلِ إِذَا سَجَىٰ
Et par la nuit quand elle couvre tout !

مَا وَدَّعَكَ رَبُّكَ وَمَا قَلَىٰ
Ton Seigneur ne t'a ni abandonné, ni détesté.

وَلَلْـَٔاخِرَةُ خَيْرٌ لَّكَ مِنَ ٱلْأُولَىٰ
La vie dernière t'est, certes, meilleure que la vie présente.

وَلَسَوْفَ يُعْطِيكَ رَبُّكَ فَتَرْضَىٰٓ
Ton Seigneur t'accordera certes (Ses faveurs), et alors tu seras satisfait.

أَلَمْ يَجِدْكَ يَتِيمًا فَـَٔاوَىٰ
Ne t'a t-il pas trouvé orphelin ? Alors Il t'a accueilli !

وَوَجَدَكَ ضَآلًّا فَهَدَىٰ
Ne t'a t-il pas trouvé égaré ? Alors Il t'a guidé.

وَوَجَدَكَ عَآئِلًا فَأَغْنَىٰ
Ne t'a t-il pas trouvé pauvre ? Alors Il t'a enrichi.

فَأَمَّا ٱلْيَتِيمَ فَلَا تَقْهَرْ

Quant à l'orphelin, donc, ne le maltraite pas.

وَأَمَّا ٱلسَّآئِلَ فَلَا تَنْهَرْ

Quant au demandeur, ne le repousse pas.

وَأَمَّا بِنِعْمَةِ رَبِّكَ فَحَدِّثْ

Et quant au bienfait de ton Seigneur, proclame-le.

- Sourate Ad Duha (Le jour montant)

table

le bonheur au bout du courage.................9
l'univers en expansion........................12
au démarrage..................................15
à la recherche................................17
le beau jardin de lila........................22
la jeune femme ailée..........................31
5h45..41
à l'aube......................................44
balade nocturne...............................48
la valse des danseurs.........................52
ce qui nous fait fleurir......................56
jannati.......................................62
la douce pâtissière...........................71
à la carte....................................76
voyage de toute une vie.......................81
la course.....................................85
les lanternes imperceptibles..................88
le nuage dans le ciel.........................90
à la lumière de l'âme.........................97
la lune......................................109
le puit......................................110
l'entracte...................................113
le petit chalet dans l'hiver.................117
à tous ceux qui attendent les citrons........123

la reine est morte vive la reine